Aus dem Traum Erwachen

Rameshwara Ronny Hiess

Aus dem Traum Erwachen

Die Enthüllung des Einen Selbst

Impressum

Bibliografische Information der Deutschen Nationalbibliothek: Die Deutsche Nationalbibliothek verzeichnet diese Publikation in der Deutschen Nationalbibliografie; detaillierte bibliografische Daten sind im Internet über http://dnb.dnb.de abrufbar.

Herstellung und Verlag: BoD – Books on Demand, Norderstedt

ISBN: 9783741209697

Cover-Painting: Midnight, Una Guy
 www.unaguy.ie/

Korrektur und Lektorat: Nicola Richter

Layout: Ronny Hiess

© 2016 Rameshwara Ronny Hiess
 www.ronnyhiess.de

Inhaltsverzeichnis

Du Bist..8
Stille Selbst..13
Da, wo du bist, findet sich alles......................................16
Staunen und Stillsein...20
Was ist jetzt wirklich hier..22
Erwache..31
Aus dem Traum Erwachen..32
Das, was man Ich nennt..36
Was kann ich tun…..41
Was willst du wirklich?...43
Lebendiges Interesse...46
In allem SEIN was-ich-bin..48
Dem Leben auf den Grund gehen...................................51
Wenn nicht jetzt, wann dann...53
ICH IST GOTT..54
Du bist Das Selbst, aber es gibt keines..........................56
WER BIN ICH?...57
Stille...60
Sei einfach Still...62
Ein Geschehen des Ganzen..63
Sei Dankbar...68
Dem Ego ein Ende setzen...69
Das Feuer der Individualität aus-löschen.....................71
DAS meditiert über sich Selbst.......................................81
Meditation...83
Verwandlung...84
Berg der Gnade...85
Ich krieg`s nicht hin...86
Keine Eile...86
DAS Leben, was-du-bist..87
Sei Einfach...88
Was ich bin, ist kein Glaube und HIER zu entdecken...89
Der Innere Weg...92
Vertrauen...94
Der Pfad des Ungeborenen..95

Dem Unheil entkommen...97
Alles taucht von Selbst auf...100
In diesem undenkbaren Raum HIER...101
Die Erfüllung der Ewigkeit...103
DAS Heilmittel...105
Jeder Daseinszustand ist in sich perfekt...106
Ahhh, so ist das...111
Liebe ist...113
Echt Sein...114
Der Sucher ist das Gesuchte, immer schon gewesen...116
Die Zufriedenheit der Befreiung...120
Danke...121
Bewusstsein tanzt mit sich...122
In keiner Art und Weise...124
Du bist Das, was sieht - selbst nie gesehen...125
Vergiss es...127
Nichts...128
Es gibt nur diese Eine Substanz...129
Der natürliche Zustand...130
Für dich ist nie etwas passiert...132
Du bist Absolute Wirklichkeit...134
Nichts als Hingabe...135
Im Innersten des Herzens...136
Lasse es...137
In Bester Gesellschaft...138
Sei einfach DAS, was du bist...140

Du Bist

Du bist, das steht für sich selbst, ist unverändert, es ist Zufriedenheit und grundlegendes Glück.

Dies zu entdecken, dem auf den Grund zu gehen, darin zu wurzeln, darin liegt die stille Schönheit der Freiheit zu SEIN-was-du-bist.

DU BIST – das ist am Anfang, in der Mitte und am Ende unverändert. Dem gehe auf den Grund.

Du bist, das erfüllt sich aus sich selbst heraus und ist in sich frei. Es liegt in deiner Natur, so, wie du bist zu SEIN-was-du-bist.

Im Sich-Erfassen-Lassen ist Stille, sanfte Bewusstheit, ohne Zweitem. Es ist die totale Los-heit des SEINS, die Freiheit ist, weil du in deiner Natur immer frei bist.

Ansichtslos und ohne Absicht da-zu-sein, ist eine ursprüngliche Qualität von Bewusstsein, da es aus sich selbst heraus grundlos erscheint. Es ohne Ziel mit sich in Bewegung ist, einfach mit sich spielt.

In DEM ist keine Intention, kein Wollen, keine Richtung, da es sich in allem selbst erfüllt. Im Menschen erscheint eine mehr oder weniger ausgerichtete Bewegung, Intention, Wollen, ... wunderbar. Nutze die Mittel, die dir gegeben sind, dich dem EINEN Selbst voll und ganz anzuvertrauen, dich dem Herzen anzuvertrauen und immer tiefer aufzugehen in DEM-was-HERZ-IST.

Sich selbst als DIES, was Selbst IST, zu kennen, ist ab einem bestimmten Punkt ein endloses Verlieren. Es ist ein Verlieren von Vorstellungen und Ideen – dies Verlieren ist kein Verlust. Es ist das Freilegen von DEM-was-Selbst-ist.

Im Abfallen und Verstoffwechseln von all den (physio-psychologischen) Bildern wird RAUM frei für die Erfüllung des Unfassbaren und doch so Offensichtlichen, was immer IST.

Es ist ein Tanz der totalen Erfüllung, ein Tanz des endlosen Findens und Verlierens, von allem, bis nichts mehr bleibt, bis auf DAS, was Selbst ist.

Ist die Bereitschaft da, für DAS, was du bist zu sterben? ... und ganz darin aufzugehe

Höre einfach auf, auf dem „Marktplatz" rumzurennen, dich „auszutauschen", dir selbst Geschichten zu erzählen. Sei einfach, ohne Konzepte zu beherbergen. Suche nichts außerhalb von dir, dem, was unmittelbar gegenwärtig IST.

Sei einfach still und schau einfach.

Diese Vermittlung ist kein kleiner Zeitvertreib, um ein wenig im Sein zu entspannen. Sei dir im Klaren, wenn du bereit bist, dem Ruf des EINEN zu folgen, der Preis, der zu zahlen ist, das bist du!

Du bist – dies simple Empfinden von Anwesenheit ist universell, umfassend, friedvoll und liebend – in sich frei. Dies zu entdecken und es zu schmecken, weckt diese Qualitäten in Dir.

Wie kann das entdeckt werden? Sehr simpel, verweile einfach anstrengungslos bei der Anwesenheit selbst – es ist dies direkte Erleben, das Empfinden, dass du bist.

Du bist, das ist unbedingt und ohne Wenn und Aber; wenn Erfahrung stattfindet, schenke diesem simplen stillen Empfinden ganz beiläufig die Aufmerksamkeit. Das Schöne, es muss nichts gesucht werden. Schaue einfach HIER, und lasse es sich selbst erfüllt sein.

∞

Das Selbst ist das, was nicht zu verstehen und doch offensichtlich ist. Hier gibt es keinen Weg und auch nichts anderes.

DEM vertraue dich an. SEI DAS ohne Zweites, und es wird sich in seiner Freiheit endlos enthüllen.

Du bist DAS, und DAS ist nichts, was du „kennen" kannst. Denn DAS ist auch, wenn keine Erfahrung stattfindet. Erfahrung wandelt sich permanent, in dieser IST-heit von Anwesenheit, die in sich unwandelbar ist. Der Wandel der Erfahrungen und das Unwandelbare, wird gesehen von Dir?

Von mir...?

Wer bin ich?

Ich Bin?

Was erlebt Ich Bin?

Da ist nur Wahrnehmung?

Wer erlebt die Wahrnehmung?

Wer bin ich?

DAS ist nichts, was du „wissen" kannst. In diesem Zwischenraum, wo du weder weißt noch nicht weißt, bleibe mit deinem ganzen Sein.

Finde die Quelle des SEINS, indem du dich finden lässt, und erkenne dich als DAS, was den Wandel und das Beständige unbewegt hervorbringt
SEI DAS.

Du bist, das ist immer und doch selbst nicht in Zeit. Es ist so beständig wie der Atem. Relativ selten bemerkst du, dass du atmest und trotzdem ist es absolut gewiss. DEM, was gewiss, immer bei dir und selbst nicht in Zeit ist, dem vertraue dich ganz und gar an.

Stille Selbst

Alles, wovon hier ausgegangen wird, ist dies EINE-ohne-Zweitem.

Und alles, was voraussetzt, es gäbe eine autonome Wesenheit, führt endlos in die Irre und zu falschen Schlussfolgerungen, die an ein Subjekt und seine Objekte bindet.

Nun sehr simpel, was hier geschieht, da ist nur Bewusstsein, was mit Bewusstsein über Bewusstsein spricht – was auf dies EINE hinweist – und eben DAS aufdeckt. In dieser Offensichtlichkeit werden die falschen Vorstellungen ausgeräumt und durchschaut, und DU erfasst dich als DAS, was-Selbst-ist.

Die direkte Erforschung, die einfach nur Sehen und Selbst-Sein IST, wo nichts anderes ist, legt dies offen dar. Aus sich selbst heraus wird offensichtlich, dass schon das Sehen etwas Gesehenes ist – dass nur Selbst ist, es aber kein Selbst gibt.

Wie Franz von Assisi so treffend sagte: „Der Sucher ist das Gesuchte". Wurde keiner gefunden, beginnt die Erforschung erst wirklich und die Quelle kann sich ohne Wenn und Aber erfassen. In dem, was näher als nah ist, kann geschaut werden, im Verweilen und Anvertrauen im Unmittelbaren, mitten in DEM, was-hier-ist.

Das Nichtfesthalten an dem „einen oder anderen" und die Bereitschaft vorbehaltlos zu SEIN, führt über alles hinaus – in DIES, wo es niemals ein Kommen und Gehen gibt.

Leere ist die totale Fülle. Fülle ist das Erscheinen der totalen Leere. Ein endloses Wechselspiel im Erfahren von dem, was man Leben nennt. In der Bereitschaft, frisch zu forschen, ohne etwas zu suchen, sich vorbehaltlos einzulassen auf DAS was-hier-ist, öffnet DIES bis auf den Grund, und zeigt sich HIER als DAS-was-ich-bin.

Wenn in dir eine tiefe Sehnsucht nach Wahrheit ist, nach Stille, nach Freiheit, DEM, was du wirklich bist, dann gehe zurück zu den Anfängen. Zu dem Unveränderten, was am Anfang, in der Mitte und am Ende immer ist, was es ist, und lasse ab von „Dir", gebe dich dem hin – genau da, wo du bist.

Begehen wir ein Fest der Stille und der Hingabe an DAS EINE Selbst in uns, und sind dies, was in allem ununterbrochen ist.

Gehen wir beständig zum Ursprung zurück, ohne auch nur einen Schritt zu tun, und lassen uns erfassen von der Quelle Selbst, die wir sind. Etwas Größeres gibt es nicht, als in Stille das zu sein, was die Stille-Selbst IST.

Da, wo du bist, findet sich alles

Alles, was du suchst, ist immer dort, wo du bist, oder wie Meister Eckhart sagte: "Gott ist immer in uns, nur wir sind so selten zu Hause." ...Eine simple Einladung, HIER zu bleiben und zu schauen, ohne etwas sehen zu müssen, darin wird die Freiheit und Vollständigkeit, die immer gegeben IST, offensichtlich.

Doch der Ich-Geist, der sich an den unruhigen Verstand klammert, macht uns gerne vor, da wäre etwas falsch, es gäbe ein Problem und wir könnten die Lösung (in den Gedanken) finden, wenn wir dieser Suche einfach auf der Spur bleiben. Aber in Wirklichkeit sind es ja die Gedanken, die die scheinbaren PROBLEME vorgaukeln und dann noch Lösungen versprechen, um so das Problem endlos am Leben zu halten.

Eine Tatsache ist kein Problem und damit findet sich immer ein simpler und praktischer Umgang, wie zum Beispiel zum Arzt zu gehen, wenn du eine starke Erkältung hast, ganz praktisch Leben eben. Oder wenn es nur um DAS geht, immer wieder zum ersten Mal erleben-wie-es-ist, ohne an etwas festzuhalten, sich in dem direkten Wissen und Erleben in die eigene Quelle absorbieren lassen und SO in allem sein, was du bist.

Das mit den Problemen und den Lösungsversuchen ist ein endloses in Gedanken, Modellen und Konzepten Rummachen. Es ist so ähnlich, wie wenn du Rückenschmerzen hast und dich mit einer Peitsche auf den Rücken schlägst, nur um die Rückenschmerzen nicht spüren zu müssen – in der Hoffnung sie könnten dadurch irgendwann aufhören. Doch DAS Leben kann nicht vertagt werden, Jetzt-Hier spielt die Musik.

Einfach in Berührung still und sanft da zu sein; als Erstes wird alles in der stillen Zärtlichkeit des Lebens aufgenommen – dann fällt alles weg, was kennbar wäre – oder darf bleiben, so wie es ist. So ist das, was scheinbar im Weg war, der Weg selbst, der immer nur durch die direkte unmittelbare Erfahrung führt und nirgendwo anders hin.

Das Unvermittelbare, was sich durch das Unmittelbare selbst berührt.

Eine Momentaufnahme für die nächste und die nächste... Vorstellungen, Bilder, Erfahrungen kommen, gehen und zer-fallen endlos in DEM, was-du-bist, in dem, was unbewegt IST. Dies direkte Sehen geschieht, indem du einfach HIER bleibst, nichts suchst, nichts ablehnst und einfach in Stille das ganze Geschehen – in seiner Lebendigkeit wie-es-ist – bist. Ein endloses Darüber-Hinausgehen... Die Berührung mit der Quelle findet hier statt und es ist DAS, was du bist.

Es findet durch das GANZE Mensch-SEIN statt...
So wie es weder um das Lösen von Problemen geht, geht es auch nicht um Erkenntnis oder eine Art von Erwachen. Das ist alles wertvoll und geschieht nebenbei – in der Unmittelbarkeit DESSEN-was-hier-ist.

Im Unmittelbaren zu stehen, heißt in der direkten Erfahrung einfach wach schauend und nicht-wissend zu sein. Dies hält die Möglichkeit in sich, im eigenen Ungeborenen zu wurzeln. So ist dies eher eine Einladung, im Nicht-Wissen und in der Dunkelheit zu stehen, dass das Gewahrsein wieder in seiner Quelle versinken kann – und in der Tiefe die eigene Natur und Los-heit von allem entdeckt wird.

Auch das geschieht ganz nebenbei, indem die Stille des   HIER-SEINS allen Raum bekommt.
Ohne eine Bezugnahme auf etwas, weil da einzig SEIN IST.

Es ist die Berührung mit der totalen Zeit-losigkeit, Raum-losigkeit, und im Erleben braucht das Raum und Zeit, denn das Absolute IST IMMER, absolut relativ in seinem Erscheinen, selbst wenn die Absolutheit sich entdeckt hat. Nicht umsonst gibt es die Aussage im Zen: "Vor der Erleuchtung, Wasser holen und Holz hacken. Nach der Erleuchtung Holz hacken und Wasser holen." Es ist nur die Frage "Was willst du? Welche Sehnsucht brennt wirklich in DIR?" und „WER bist du?" DEM vertraue dich ganz an und sei still – lasse dich von diesem Sog ganz aufnehmen.

Wenn wir mit beiden Füßen in DEM stehen, was wir meinetwegen "ein Problem" nennen, ist das Problem keines mehr, denn es gibt nicht Zweites mehr zu DEM. Die Bewegung, Veränderung, Wandlung, die unmittelbar geschieht, der können wir uns ungeteilt mit allem anvertrauen.

Es geht immer um alles.
Und es wäre schlimm, wenn es um etwas gehen würde.

Es wäre schlimm, wenn die Rolle eine Rolle spielen würde. Schlimm, weil wir dann wieder in der Objektivierung wären, selbst aber kein Objekt sind und so weiter Eintritt zahlen für eine Vorstellung, die nur in Vorstellungen stattfindet.

Es nicht zu objektivieren, es nicht an irgendetwas festmachen zu müssen, darin scheint grundlos aus sich heraus die Schönheit des SEINS – das lässt die Show-se frei und fordert einfach heraus!

Zu was?

Herausgefordert, still sich anvertrauend, genügt bereits. Darin liegt die Aufgabe, in jedem Sinne. Das Unfassbare, was du bist, wird in seiner Freiheit und Vollständigkeit aus sich heraus offensichtlich.

Staunen und Stillsein

An diesem unscheinbaren Ort des HIER-SEINS zu sehen, dass das ganze Universum, mit allem, präziser läuft wie ein Schweizer Uhrwerk – lässt einem anhalten, staunen und still sein… Eine Reaktion darauf: Ein Lachen, dass es gar nicht anders sein kann und eine totale Liebe, die den Raum bereits erfüllt hat und es geschieht endlos. Immer wieder wird das erlebt, auch mit all dem menschlichen Schmerz… so als könnten keine Fehler gemacht werden.

Und dann auch taucht dieser Teufel „Ich" auf, legt einen Schatten über diesen MOMENT und suggeriert dir, „du musst dich ändern, du musst an dir arbeiten, du musst dies und das tun, du bist schlecht, unwürdig, schuldig, nicht richtig so wie du bist…" Diesem Mechanismus geht es darum, Gefühle und Gedanken zu erzeugen und dich in Bewegung und Unruhe zu versetzen.

Die unernste Ernsthaftigkeit, und einfach mit all dem still zu sein, ist eine hochpotente Medizin. In dieser gelösten Stille, die Erfahrung wie sie sich zeigt pur zu erleben, lässt keinen Hauch von Wirklichkeit zurück… Darin geschieht ein Sichanvertrauen in die Vollkommenheit der Stille dessen, was IST – es ist dies jetzt, was keine Zeit benötigt, um zu sein, was es ist und was du in deiner Natur bist.

Es ist diese Unmittelbarkeit, die kein Ziel hat – beziehungsweise das Ziel ist. Thomas von Aquin hat es in seinen Worten sehr schön zusammengefasst "Gott und das was Gott ist, hat kein Ziel sondern ist das Ziel". Ein Ziel, was von Anfang an schon erreicht ist, ist Freiheit in jedem Daseins-Aspekt; die sich der Freiheit aus der Freiheit heraus hinwendet.

An diesem unscheinbaren Ort des HIER-SEINS geschieht Darshan mit und durch dich SELBST, wenn die Bereitschaft da ist, die natürliche Stille zu sehen, zu schmecken und sich erfassen zu lassen. Es öffnet immer weiter für die Hingabe an DAS und die stille Liebe, die einfach ist.

Was ist jetzt wirklich hier

Eine wesentliche Frage, was ist wirklich hier?

Immer wieder passiert es, dass den Ge-Schichten nachgehangen wird, statt Dem zu vertrauen, was existenziell da ist. Wovon wird allzu oft ausgegangen? Von den Dingen, die wir gehört haben, den Dinge, die wir gelesen haben, Dinge, die uns erzählt wurden und dem dann geglaubt wird, alles Wissen aus zweiter Hand.

Schaue hier im Unmittelbaren, denn es geht nicht darum, Behauptungen zuzustimmen oder abzulehnen und sich abzuwenden, weil es entweder als nicht wahr oder unbequem erscheint, sondern zu sehen, was wirklich wahr IST, und nebenbei Tatsachen von Hoffnungen und Wunschdenken, vorgestellte Bilder von dem, was jetzt wirklich ist, zu unterscheiden und so zu befreiender Erkenntnis und zu reiner Schau zu gelangen.

Und es ist nicht so, dass Freiheit entfernt ist von dir. Maximal überlagert eine Vorstellung die andere, Schichten von Ge-Schichten. Doch…

Was ist jetzt hier frei?

Nochmal zurück zu den Ge-schichten. Das Märchen beginnt mit: „Ich heiße so und so, geboren wurde ich dann und dort, das und das ist meine Geschichte". Doch niemand hat tatsächlich jemals die Erfahrung gemacht, selbst geboren zu werden. Das weißt du nur aus Erzählungen. Und fast jeder glaubt, es wäre eine Tatsache. Und bitte schaue für dich, hast du die Erfahrung deiner eigenen Geburt gemacht?

Natürlich gibt es die Erfahrung von Geburt und auch vom Tod – dem widerspreche ich nicht. Geburt und Tod kann hautnah erlebt werden. Doch was ist das, was Geburt und alles andere erlebt, wurde das geboren?

Ich sage, dass du dies Selbst bist, was alles erlebt und DAS, was-du-bist, wurde nie geboren. Du hast die direkte Erfahrung deiner eigenen Geburt nie gemacht. Du bist das EINE Selbst und dazu gibt es nichts Zweites; das behaupte ich aus der eigenen Gewissheit. Und da gibt es keine Trennung, es liegt in deiner Natur in allem zu SEIN, was-du-bist. Das ist Freiheit, Stille in Bewegung, was sich gerade selbst berührt und sich so zeigt.

Wenn es dich interessiert, schaue für dich, nicht „in Gedanken und in Gefühlen". Schaue, was jetzt hier unmittelbar passiert und wirklich IST, und lasse alles vorbehaltlos geschehen. Das ist Dreh- und Angelpunkt, da verweile, beim Atmen, dem was gefühlt und gespürt werden kann – DEM, was näher als nah ist. Es vibriert, es ist in Bewegung und IST in sich konstant und beständig. Spürst du das?

Zwischen der Bewegung und dem Konstanten ist ein Zwischenraum, da mittendrin erfasst sich Das Eine Selbst – DAS, was schaut und selbst nie Geschautes ist – DEM gehe auf den Grund.

„Ich und die Welt", in der Direktheit von Erfahrung ist das gar nicht vorhanden. Es ist nichts weiter als eine „psychologische" Idee, an die man endlos weitere Vorstellungen und Geschichten knüpft.
Es passiert eben, weil an einen „falschen" Traum geglaubt wird.

Und falsch ist nicht der Traum, er ist die Verwirklichung der EINEN Wirklichkeit. Falsch ist die Vorstellung, jemand und etwas zu sein. DU BIST DAS und das ist nicht etwas. Natürlich ist da dies praktische funktionale Leben, wunderbar, es darf gelebt und geliebt werden in all seinen Facetten, ganz direkt, ganz praktisch, wie es geschieht.
Doch worum es hier geht: Keine theoretischen, ausgedachten Konzepte mehr zu beherbergen – die Objektivierung hinter sich zu lassen – und dies ICH in der Tiefe zu erforschen und so die Freiheit der eigenen Natur zu entdecken und ungezwungen einfach Du-SELBST-zu-sein.

Ich ist ungeteiltes Bewusstsein, Ich ist Gott ohne Zweites. Es ist das Selbst, was sich SO zeigt. SO und nie anders und nie mehr so wie jetzt, in seiner Einmaligkeit von Erfahrung.

Stopp, noch mal zurück: Wenn ich hier von Ich als Gott spreche, meine ich natürlich nicht ein vorgestelltes Bild, eine Idee, nicht den Namen, die Person und eine Geschichte dazu. Ich spreche von diesem direkten unmittelbaren Erleben, hier zu sein – ungeteilte Anwesenheit ist deine Natur in ihrem Erscheinen. Du bist, darin ist keine Trennung, die reale Substanz hätte. Es ist diese Direktheit von ICH-SEIN, in dem alles kommt und geht, das ist Gott, Stille, Selbst-SEIN.

Und es ist nie das Wissen oder die Worte. Gott ist das, was bleibt, wenn jede Idee von mir und Gott erloschen ist.

Wenn du an der Wahrheit, an der Freiheit deiner Natur interessiert bist, ist das Direkteste, dies ICH-SEIN für dich selbst zu erforschen, dem auf den Grund zu gehen. Nicht als philosophisches oder psychologisches Kreisen in Gedanken. Mehr als ein waches ungebundenes Schauen und Sein mit der direkten Erfahrung, wie-es-ist. Sein mit der Stille, wie es ist, und so immer tiefer eindringend, indem du dich erfassen lässt.

Die unmittelbare Erfahrung des Gegenwärtigen trägt das Siegel der Wahrheit in sich. Das Schauen nach gestern und morgen tun dies nicht.

Im Wahr-Sein-Lassen, wie es sich zeigt, liegt die Möglichkeit, dass die EINE Wahrheit, DAS, was durch alles hinweg absolut beständig ist, sich selbst total erfasst. DAS HIER kann immer wieder frisch zum ersten Mal gesehen und in seiner Einmaligkeit entdeckt und geschmeckt werden.

Ein endloses Sichhingeben, ein immer wieder frisches Schauen – ungeteilt mit dem, was auftaucht und da IST. Das Schöne, wenn nicht in der Geschichte geschaut wird, sondern jetzt hier im Unmittelbaren, wie-es-ist, gibt es keine Trennung, niemand der erwacht ist, niemand dem etwas fehlt.

Da ist einfach nur die Gesamtheit der Dinge und DAS bin ich. DEM kontinuierlich zu folgen, immer wieder zum ersten Mal das Unbekannte zu berühren – ohne Wenn und Aber DAS zu sein – ist die absolute Gnade, der man sich anvertrauen kann.

Es geht hier um keinen Einheitsbrei des Sich-Wohlfühlen-Wollens. Wenn es EINS IST, ist es eins. Wenn es als Vieles und getrennt erscheint, dann eben DAS. Wenn Schmerz erscheint, wird Schmerz erlebt, wenn Bliss auftaucht, dann Bliss, was-auch-immer. Bleiben wir nicht an den Erfahrungen kleben, sondern schauen ohne darin etwas zu suchen, erfasst sich durch das, was da ist, dies EINE Selbst.

∞

Wenn in dir Erwachen passiert ist – du identisch bist mit dem Einen und so bist, was DU BIST, wirst DU gefährlich für die „Maya" – vorher warst du ein Tänzer im Traum der Vorstellungen, mit dieser „normalen Identifikation – ich bin jemand in der Welt". Maya erlaubt nicht zu SEIN, was du bist, sie gibt dir schon eine Rolle, sie passt auf ihre Schäfchen auf. Es liegt an dir, steige einfach aus – indem DIES EINE erforscht und erkannt wird und du so bist, was du bist.

In der Bereitschaft, allem vorbehaltlos zu begegnen, können im Schauen und Stillsein mit dem, wie-es-ist, die Überlagerungen, Vorstellungen, Projektionen, Identifikationen und Identitätsbilder, all die „Schatten und Krümel" beiläufig verbrennen und wegfallen.

In der Freiheit zu SEIN, was du bist, taucht alles auf, vielleicht auch Gebundensein. Wenn die Bereitschaft da ist, kann all das in der Freiheit dessen, was du bist, pur erlebt und geschmeckt werden. Das Paradox: Die unendliche Fülle und die Freiheit, die du bist, kann immer tiefer entdeckt werden, umso mehr wir uns auf die Begrenztheit einlassen: die Enge, wie es sich zeigt, wirklich spüren … ohne uns darauf zu begrenzen, ohne uns eine hoffnungsvolle Parallelwelt zu erdenken – einfach pur erleben und an nichts festhalten.

Genau in dem, was wir immer raushalten wollten, offenbart sich Freiheit, Frieden, Liebe und Einheit. Nein, dem Unangenehmen wie auch dem Schönen, Guten muss man nicht hinterherrennen, um frei zu werden. Du bist frei so wie du bist, lebe einfach, sei still und liebe, genieße und schaue ungeteilt. Und alles geschieht in diesem Selbst-SEIN, ohne Zweiten – Es ist die Freiheit des EINEN, die mit sich in Bewegung ist.

Wenn das Erscheinende sich vorbehaltlos wandeln darf, wir nichts raushalten, nichts festhalten müssen und doch ganz konkret hier sind, eröffnet sich immer tiefer nicht nur die Schönheit und ungebundene Stille des SEINS. Nein-Nein, da ist dies Selbst-Gewahrsein: ICH BIN, doch es gibt mich nicht. ICH Selbst habe die Bühne des Lebens nie betreten und alles, was ich wahrnehme, ist einfach Beweis meiner Existenz.

ICH muss mir nichts beweisen, weil ich bin, was ich bin und ich nichts bin, was wissbar oder kennbar ist, und doch DAS, was in dieser Unmittelbarkeit mehr als offensichtlich IST.

Es geht nicht darum, aus den Worten hier eine weitere Vorstellung, ein Ziel, ein Ideal oder eine Ideologie zu machen. Eher es praktisch für sich selbst zu erforschen, sich DEM Fluss anzuvertrauen, dem auf den Grund zu gehen und DAS, was du immer schon bist, in seiner Freiheit zu sein.

Um praktisch zu bleiben, wenn du einen Anhaltspunkt suchst, halte an: Suche weder Schmerz noch Glückseligkeit und akzeptiere jede Erfahrung als „Gottes Wille", erlebe es PUR wie-es-ist. Denn es ist Bewusstsein, das sich selbst lebt und handelt, immer und durch alles.

Mit dem Konzept von „Gottes Willen" geht es nicht darum, Geschehnisse und Vorstellungen zu rechtfertigen und sich mental in einen „Es ist doch alles gut – Modus" zu bringen.

Den Begriff von „Gottes Willen" als letztes Konzept zu nehmen löscht „mich und dich" aus. In einer Hingabe an DAS, in der „ich und mein Leben" wieder DEM Leben, dem ungeteilten SEIN zurückgegeben wird, ist DAS eingeladen, sich zu erkennen und total zu erfassen.

Erwache

Erwache zum SEIN.

Und erwache auch aus dem SEIN, was die Abwesenheit von jedem Erfahren und Erfahrbaren ist, wo nur DAS EINE, ohne Zweites ist.

Erwache aus jeder An- und Abwesenheit von „was auch immer" und SEI DAS, was-du-bist. Sei DAS, was Selbst ist, was du ohne jedes Wenn und Aber bist.

Aus dem Traum Erwachen

Wer träumt dies Ich, was meint jemand und etwas zu sein?

WER oder WAS träumt den absoluten Träumer?

Das, was erscheint, ist die Verwirklichung der Wirklichkeit, aber nicht die Wirklichkeit selbst. Es ist der Ausdruck des Selbst, aber nicht das Selbst.

Jeder, der sich ein bisschen mit Nondualität, Advaita Vedanta beschäftigt hat oder mal im Satsang saß, hat zumindest gehört und sicher auch geschmeckt, dass es nur das eine Bewusstsein gibt und kein autonomes Ich, was eine eigene Substanz hat. Wenn das wirklich untersucht wird, dass es dies Ich substanziell nicht gibt, wirst du nirgendwo jemand finden; das ganze Geschehen hier ist leer. Und mit „leer" meine ich auch die schönen Erfahrungen, Glückseligkeit taucht auf, Liebe taucht auf, du genießt es, und wenn du reinschaust, es ist leer. Das mag zuerst im Inneren Traurigkeit oder Entsetzen auslösen, vielleicht auch eine grundlose Freude. Aber in dieser Haltlosigkeit fällt dieses ganze Geschehen an einem Punkt in seine Quelle zurück und da ist keine Manifestation mehr und kein Traum und kein Wirklichkeit. Da bleibst nur DU übrig – DAS, was Wirklichkeit ist. Und das ist nichts, was du benennen und objektivieren kannst. Und dann fängt es von Neuem an, sich zu träumen. Wunderbar. Es wird sich einfach zu seinem eigenen Beweis, dass es ist, was es ist. Es spielt sich durch alles.

Und in einer Variante erlebt dieses Wegfallen von allem jeder: Abends legst du dich hin, du hast kein Konzept von Loslassen und ein totales Loslassen geschieht. Nichts mehr ist da. Kein Körper, keine Gedanken, keine Welt, kein Konzept, kein Selbst.

Kein Sein. Und auch für diese Phase von Sein musst du sein. Dann taucht vielleicht im Schlaf ein Traum auf, den du beobachten kannst, wo du mitkriegst, ah ich träume. Oder du bist involviert, leidest an dem Traum oder erfreust dich daran. Und dann wachst du auf und merkst, oh es war nur ein Traum – das hatte alles keinerlei Substanz. Du hast vielleicht einen Moment noch damit zu verdauen, es schwingt einfach noch ein bisschen nach, in welcher Form auch immer. Und dann ist es vergessen, als wäre nie etwas gewesen.

Der Wachzustand ist dasselbe Prinzip. Du bist involviert in den Traum, glaubst jemand zu sein, vielleicht auf der Suche nach Befreiung oder nach einem ganz normalen Leben, was auch immer. Und dann ist da auf einmal wie ein Beobachten, wo du mitkriegst, das bin ich ja letztlich gar nicht. Du schaust morgens in den Spiegel und siehst, dass du nicht der bist, den du wahrnehmen kannst. Praktisches Leben geschieht, wie es sich praktisch lebt und doch lebt es sich von selbst – da ist ja niemand, es ist leer, es läuft einfach ab, es geschieht, in allem.

Wenn Du genug hast vom Traum des Ich, merkst Du, es ist sinnvoll sich an das Beobachten zu halten, an das Bezeugen, an die Gegenwärtigkeit selbst.

Und darin vergisst du das Beobachten, das Bezeugen, die Gegenwärtigkeit; indem du es bist, vertraust du dich dem total an. Und auf einmal fällt es komplett weg. Gegenwärtigkeit, Zeit, Nicht-

Zeit, das alles fällt einfach komplett weg. Diese Beobachterinstanz oder dieser Körper, das, was als lebendiges Sein erlebt wurde, ist nicht mehr. Es gibt keine Erfahrung, trotzdem bist du. Der Film reißt durch, es wird nichts mehr gezeigt. Noch nicht mal eine Leinwand wird erlebt, trotzdem BIST DU. Das mitzukriegen, darin endet jede Art Traum in DEM, was-Bewusstsein-ist. Und im nächsten Erscheinen von Bewusstsein liegt die Möglichkeit zu sehen, dass du in jeder Phase von Leben DAS bist, was-Du-Bist – das ist Befreiung.

Du bist DAS, was nicht geboren wurde und nie sterben wird. Du hast nur einen Traum in einem Traum gesehen.

Das, was man Ich nennt

Das, was man „Ich" oder „Ego" nennt, ist nichts Persönliches. Es ist mehr wie ein „virtueller Virus", der sich überall reinsetzt. Es ist der Fluss der Begierden, der Trennung und des Mangels, der auf dem Konzeptglauben „Ich" aufbaut und so seine Geschichten erzählt und in Szene setzt. Es ist dieser Teufel „Ich", der in allem seine Finger hat. Doch sollte klar sein, auch wenn es Schmerz hervorruft, all das existiert nicht wirklich – es hat keine wirkliche Substanz, es ist ein virtuelles Bild. Du kannst nichts dagegen tun – außer davon zu lassen und ungeteilt zu SEIN so-wie-du-bist. Denn es sind lediglich das Getriebensein und die Unruhe im Menschen, die den natürlichen Frieden verdecken, vom ursprünglichen Zustand und der Vollkommenheit des SEINS zu trennen scheinen und damit all diese Bilder und Projektionen kreieren und durch die Unruhe des Geistes scheinbares Leben einhauchen. Dies virtuelle Sein kann sich sehr tief in das Zellgedächtnis des Menschen einbrennen. Und wenn du versuchst dagegen anzugehen, schlägt die Energie schmerzhaft auf dich zurück. Der „Ich-Geist" hat eine manipulative, aggressive Herangehensweise, wie er das Spiel benutzt und lenkt, und wenn du ihm mit derselben Aggression begegnest, schlägt die Aggression nur auf dich zurück.

Das „Ich" möchte durch ATTRAKTION Aufmerksamkeit, um DAS GANZE zu überschatten. Durch Attraktion will es DICH auf Form und Name fixieren – den Raum energetisch beeindrucken, kontrollieren und einengen. Die energetische Nahrung für das „Ich" ist die Suche nach DEM Besonderen und nach Sicherheit, damit ES endlich fix ist. Deshalb ist es so wichtig für den „Ich-Geist", alles Mögliche an „Positivem und Negativem" herzustellen, um bis zu einem Maximum zu erregen, zu nerven – Begierden anzutriggern, zu stressen, in Aktivität zu setzen –, damit deine „persönliche Bewegung", dein Weglaufen und Tun weitere Bilder und Vorstellungen kreiert und so diesen virtuellen Raum des „Ich-Geistes" weiter nährt.

Der Teufel „Ich" ist ein großer Magier im Traum, er organisiert die Lage für DICH. Er erzählt dir, was das Problem ist und lässt dich nach Lösungen suchen. Ein endloses Suchen in einem falschen Traum - in einem Traum. Er scheint dir alles zu versprechen. Wenn du den Vorstellungen glaubst und ihnen nachgehst, bekommst du alles: Dein Pferd, dein Swimmingpool, dein Auto, dein Haus, dein Traummann, deine Traumfrau, DAS Erwachen, deine Befreiung, deine Erleuchtung. Es beschert dir auch: alle deine Zweifel, deinen Schmerz, das Misstrauen, die Angst, dein Alleinsein, deinen Mangel, alle deine Unruhe im Denken, im Fühlen, in deinem Dasein.

Der „Ich-Geist" agiert im Körper und in der Welt wie in einem nächtlichem Traum, der seine Auswirkung hat – manchmal fühlt man sich den ganzen Tag fertig, richtiggehend erschlagen, weil man morgens gebeutelt von einem Traum aufwacht; obwohl es nur ein Traum war, fühlt man sich einfach total fertig. Der „Ich-Geist" kann in seiner Virtualität großen Schmerz erzeugen und dich immer wieder fest an die Erfahrung binden. Was kann man tun? Man hat keinen wirklichen Einfluss auf ein virtuelles Bild. Doch es genügt, anzuhalten und aufzuhören, sich um sich selbst zu drehen – in der Lebendigkeit des direkten Erlebens kommentarlos still zu sein mit dem, was ist. Im SEIN wie-es-ist zerfällt „das Virtuelle", weil es in sich keine wirkliche Substanz hat.

Paradoxerweise liegen die Schlüssel, die es ermöglichen, die Schönheit und Freiheit in ALLEM zu schmecken, in den tiefsten Tiefen der eigenen Hölle, dem eigenen Gefangensein vergraben. Nein, danach musst du nicht suchen, SEI einfach vorbehaltlos nah mit der Stille, nah mit der Lebendigkeit des SEINS – ohne etwas zu suchen oder raushalten zu wollen – und wurzele in dieser grundlosen lebendigen Stille, einfach da zu sein, und alles Wesentliche wird in dir auftauchen. Statt irgendwas zu suchen, entdecke immer wieder frisch die Freiheit im unmittelbaren Erleben, DEM vertraue dich an.

Solange ein Körper erscheint, wird auch die Erscheinung des „Egos", des „Ich als Person" etwas sein, was temporär kommt und geht, das gehört in einer gewissen Weise zusammen, da ist nichts Falsches dran. Es ist kein Problem, es hat keine wirkliche Substanz – die Illusion ist eher der Glaube daran, dass es Realität hätte. Steige einfach aus, indem du erkennst, was du bist – und realisierst, dass du bist, was du bist. Und dich von „DORT" im Lassen von dir selbst und dem, was geschieht, der Freiheit des SEINS zuwendest – oder mache, was du nicht lassen kannst.

Sich selbst lassen und sich der Freiheit des SEINS zuwenden ist sehr simpel: Sei einfach HIER, erlebe pur wie-es-ist – darin ist die Freiheit des Ganzen offensichtlich, wenn du dich als DAS erkannt hast, was frei ist. Lasse jede Zelle deines Körpers von der Liebe und dem natürlichen Frieden des Seins trinken und sich in Freiheit erfüllen. So lösen sich ganz aus sich heraus die einengenden Strukturen ab und Raum wird frei zu sehen und ganz unmittelbar zu erleben, dass du Selbst immer und in allem schon frei bist.

Das ist kein Spaß – die kranken verletzten Teile im Inneren des Körpers, des organischen Seins lösen, verbrennen und wandeln sich – die Liebe und die Stille des grundlosen SEINS sind der Dünger, in dem sich alles neu gestalten kann, es entsteht wieder RAUM für die Frische des LEBENS. Doch all dies ist weder ein aktives Tun noch ein passives Nichtstun. Es ist ein Handeln, Stillsein, Sehen,

Sicheinlassen und Geschehenlassen, und dieser Raum der Stille und Freiheit wird sich immer weiter öffnen in dem Sehen und Erleben von DEM, was friedliche, lebendige Stille und Freiheit Selbst IST. Was es braucht, ist die Bereitschaft mit Haut und Haaren, mit deinem ganzen Sein liebend und kompromisslos DAS-zu-sein, dazu gibt es keine Regeln, SEI einfach, was du bist, so wie du bist.

Es ist notwendig, tiefes Vertrauen in die ursprüngliche ungeteilte Natur zu fassen – in das unmittelbare Erleben, das Erleben DU BIST, und sich dem Sog der Energetik anzuvertrauen – es ist an einem Punkt ein Fallen ins Ungewisse, immer wieder ein Sichanvertrauen an die Energetik, wie es erscheint und ein damit Sein, ohne an etwas festzuhalten. Du bist in Berührung mit dem unmittelbaren Erleben – und aus sich heraus zeigt sich ungeteilte Stille, nährendes SEIN als etwas Grundlegendes, was IMMER da ist. DEM vertraue dich an, das ist alles.

Was kann ich tun...

„Was kann ich tun, um mich aus den Schlingen des „Ich" zu befreien?"

Nichts, es ist keine Frage des Tuns, sondern des Seins. Sei einfach, SEI was-du-bist, siehe die Freiheit, die in allem IST – Sei still und liebe.

Ganz pragmatisch: Sei einfach still, tue das Wesentliche, das Bestmögliche für DICH und den RAUM, in dem du bist, und lasse dich organisch nähren vom Nektar des Lebens, vom Nektar der Stille, der Liebe, der Freude, der lebendigen Stille, die einfach da ist, lasse dies deine Resonanzpunkte sein – lasse dich organisch nähren vom Nektar der Unsterblichkeit.

Schaffe dir Raum, regelmäßig in Kontemplation zu sitzen – sitze einfach in Stille, absichtslos, ansichtslos im Unmittelbaren. Das Bemerken der Freiheit, die IST, und die stille, liebende Aufmerksamkeit für dich selbst löst die Fixierungen an dies Individuelle, Persönliche und lässt dich frei sein als DAS, was du in deiner Natur bist.

Nimm das Leben in die Hand und handle nach deinen Möglichkeiten in der Gewissheit, dass du es nicht in der Hand hast, und darin lasse dich tragen von DEM, was still und konstant IST.

Nutze deinen Raum so, dass er dich nicht einengt, sondern für dich arbeitet und sich in der Berührung mit der natürlichen Atmung – die immer geschieht – ausdehnt, stabilisiert und erweitert.

Nutze den Raum der Möglichkeiten, indem du ihn liebevoll ausfüllst und einfach HIER bist mit dem, was Stille IST.

Nutze deinen Raum: Befreie ihn in Sanftheit und Stille von den Objekten, die dich einengen und objekthaft machen, indem du einfach still bist und berührbar IN DICH hinein schaust. SO erfülle den Raum mit der ewigen Stille, der Schönheit des Seins, dass du bist, was du bist.

Lasse dich nicht in die Irre führen von den Stimmen, die dir Angst machen, dir sagen, was richtig und was falsch ist, dir von Problemen erzählen und dir Lösungen und Versprechen anbieten. Genieße es einfach hier zu sein, lebe pragmatisch und wesentlich, von Herzen.

Atme und erlebe die Freiheit und die ewige Stille, die einfach so deine Natur ist.

Was willst du wirklich?

Eine wirklich interessante Frage ist: Was willst du wirklich?

Oftmals wird der Fragestellung „Was will ich wirklich?" gar nicht begegnet und hier geht es gar nicht um eine Frage und eine Antwort, in einem verbalen Sinne. Es geht um die eigene Stimme, die eigene innere Bewegung und ganz darin zu sein, SO wie-du-bist; es ist das eigene Unbewegtsein, die Stille, die du bist, das Unveränderliche, Unbekannte, was deine Natur ist... Nur darin findet sich das Wegfallen aller Fragen, aller Sehnsüchte, die nach Erfüllung rufen, nur darin findet sich das Wegfallen des MIND, der dir Probleme zeigt und dir Lösungen anbietet, um weiter am Leben zu bleiben.

Es scheint so, dass man sich diesem „Was will ich wirklich?" nicht hinwendet und total überantwortet, weil da eine Angst ist. Eine Angst vor dem Konflikt, die Angst allein zu sein, die Angst ausgelöscht zu werden...

"Angst" ist kein Problem, die Lebendigkeit der Angst oder was auch immer ist das offene Tor in den eigenen Grund, in DAS, was HERZ IST.

In aller Freiheit ist die Frage gestellt:
Wer bist du, MENSCH, wofür schlägt dein Herz?
Was interessiert dich?
Was liebst du?
Was ist deine tiefste Sehnsucht?
Was willst du wirklich?

Du bist das Gesuchte – die Erfüllung des Lebens Selbst.

Es steht dir frei, jetzt hier, nach deinem Herzen zu handeln, DEM auf den Grund zu gehen oder einfach zu tun, was du tust, weil es so gewohnt erscheint, alle es tun und du nicht allein dastehen willst...

Die Sache ist, vielleicht hast du mitbekommen, dass Erfahrung und die kleinen Interessen letztlich nicht zufrieden machen, einem immer wieder nackt und enttäuscht dastehen lassen oder gleich wieder auf die Jagd nach der nächsten Erfahrung schicken. Alle diese kleinen und großen Interessen geben nicht wirklich her, was sie scheinbar versprechen.

In der offenen Fragestellung „Was will ich wirklich?" liegt dasselbe Potenzial wie in der Frage „WER BIN ICH"? Denn das, was du bist, will nichts

und es kann sich durch das Anhalten des Äußeren in der „Frage?" bis auf den Grund erfassen. In diesem Sich-am-Grund-Erfassen und dem Darin-SEIN verliert sich die Objekt-Beziehung. Es ist die Objekt-Beziehung, die einem glauben lässt „wie man sein sollte" und „wer man denn ist".
Es ist nur diese Objekt-Beziehung, die einer illusorischen Identität Leben einhaucht.

In dem, wo du ungeboren bist, ist einfach die Eine-Substanz, die nichts Zweites kennt, weil sie schon kein Wissen über sich selbst, als etwas Erstes hat. Das ist der Frieden und die Freiheit des EINEN Selbst, unbedingt zu sein, ohne jemals zu wissen oder nicht zu wissen.

Dies steht immer in Freiheit zur Verfügung… Es liegt an dir, lasse dich erfassen, bis auf DEN Grund oder mache, was du willst, mache, was du nicht lassen kannst.

Sei dir im Klaren, was willst du wirklich, dementsprechend handle.

Denn es ist nutzlos und hohl, seine Zeit mit Theorien, Träumen und Warten zu vergeuden. Überhaupt seine Zeit zu vergeuden, anstatt mit dem, was dir am Herzen liegt, im Tanz zu sein; denn in der klaren entspannten Ausrichtung löst sich die Schöpfung "als etwas was wird" spontan auf, in DAS, was das Herz IST.

Lebendiges Interesse

Es ist so wertvoll zu sehen, was dein lebendiges Interesse ist, dir wirklich am Herzen liegt und entsprechend zu handeln. Wenn ich hier das Wort Sehen benutze, geht es nicht um ein distanziertes Beobachten – Sehen ist waches, ungeteiltes Sein, was mit dem, was da ist in Berührung ist.

Lebendiges Interesse ist nichts, was man hat, es eröffnet sich von innen.

Wirkliches Interesse ist nichts, was man sich denkt, kein Über-die Dinge-Fliegen, um auch darüber Bescheid zu wissen. Interesse kommt von innen. Wenn wir dem treu sind, was im organischen Erleben einfach an Interesse da ist – ohne uns Parallelwelten vorzustellen, ohne uns ein Gestern und Morgen zu denken – sind wir uns selbst treu, nah DEM eigenen Selbst.

Der „Ich-Geist" meint zu wissen, was wünschenswert ist, wie es sein sollte,… doch wenn wir das Ausgedachte nicht mehr bedienen, tiefer schauen – einfach schauen - nah sind mit der Energetik des Lebendigen wie-es-ist, zerfallen die Montagepunkte des "Ich", die über Trennung, Mangel, Lust und Begierde funktionieren.

Dies Zerfallen und Verstoffwechseln „der Montagepunkte des Ichhaften" ist kein Spaß, es ist eine

Herausforderung. Doch es lohnt sich, denn es wird entdeckt, du selbst bist das Gesuchte.

Du bist das sich selbst erfüllende SEIN und die Quelle Selbst, die durch dich und ALLES offensichtlich zum Fliessen kommt.

HIER in dem wie-es-ist verweilend, eröffnet sich die Quelle des SEINS und die erfüllenden Qualitäten – von grundlosem stillen Glück, Freiheit, Frieden und Liebe – die so lange woanders gesucht wurden. Wenn du DAS liebst, gehe DEM auf den Grund, lasse es sich entfalten, lasse dich mit Haut und Haaren erfasst sein.

In allem SEIN was-ich-bin

„Ich habe mir deinen Text "Was willst du wirklich?" und die Fragen vorgeknöpft. Meine Antworten dazu:

Wer bist du, MENSCH, wofür schlägt dein Herz?
...Ich bin Das, was Ich Bin. Dafür schlägt mein Herz.

Was interessiert dich?
...meine wahre Natur, Das, was ich bin

Was liebst du?
...das zu SEIN, was ich bin

Was ist deine tiefste Sehnsucht?
...total Ich Selbst zu Sein

Was willst du wirklich?
...Das zu Sein und immer tiefer zu entdecken. Mehr will ich nicht und auch nicht weniger. Und das aus ganzem Herzen. Alles „andere" darf kommen und gehen, wie es beliebt.

Allerdings, wenn ich das wirklich ohne Wenn und Aber will, dann darf die Bereitschaft nicht fehlen, in allem das zu Sein, in jeder Erfahrung, in jedem Zu- und Umstand, egal ob angenehm oder unangenehm. Das bedeutet es in meinen Augen für die GANZE WAHRHEIT zu gehen."

JA, deshalb sage ich ja auch immer wieder: Es bleibt eine Herausforderung, und es ist der Selbstgenuss, PUR.

„Wenn da ein JA ist, dafür gehen. Egal welche Widerstände und Zustände in mir auftauchen. Genau das Gleiche gilt, wenn ein NEIN auftaucht.

Das ist die Krux. An diesem sensiblen Punkt hadere ich oft mit mir und lasse mich selbst im Stich."

Deshalb liebt Mann und Frau ja auch "entspannenden Satsang, in friedvollem Sein" mit "weisen Antworten" doch Urlaub im Sein, Vorträge und schöne Antworten helfen eben nicht weiter – wenn ES wirklich in dir brennt. Das ist nur Futter für den Ich-Geist.

Du Selbst bist die Antwort, die sich im Identischsein mit DEM-was-ist aus sich selbst erfasst.

„Die Hingabe, in-Allem-zu-Sein-was-ich-bin, egal wie ich gerade bin und fühle, ist für mich immer noch die größte Herausforderung, wenn z. B. Angst auftaucht oder andere Zustände, die mich verwirren. Dafür habe ich noch kein Heilmittel gefunden. Das „Heilmittel" ist zugleich auch mein größtes Hindernis, bedingungslos zu tun, wofür mein Herz schlägt und dafür, wenn nötig, über den eigenen Schatten zu springen."

Ein Paradox: Es gibt kein Heilmittel.

Das Heilmittel ist die Liebe zum SEIN, das In-Liebe-Sein grundlos da, wo du bist. Es eröffnet sich in der Stille, die HIER IST, anstrengungslos. Daraus geschieht manchmal ein Über-den-eigenen-Schatten-Springen, manchmal ein In-den-Schatten-Hineinfallen, Durch-alles-Hindurchfallen...

Du schreibst hier, dass es dir um alles geht und nun hast du dir eine Antwort dargelegt. DEM gib Raum. Jep, mehr will ich gar nicht schreiben...

Viel Freude.

Dem Leben auf den Grund gehen

Es liegt allein an dir zu sehen.

Was willst du wirklich?

Was liebst du?

Was ist deine tiefste Sehnsucht?

Wenn diese Fragen in dir auftauchen, ist es wichtig, auch bis zu dieser tiefsten erlebten Liebe und Sehnsucht zu schauen und eben nicht nur in den Ge-Schichten zu schauen. Und so am Urgrund in dir zu sein und durch alles hindurchzufallen und sich erfassen zu lassen – in dies pure wortlose Sein, und sich in seiner pulsierenden Lebendigkeit und der eigenen Unbewegtheit absolut erfassen zu lassen, von DEM, was Existenz ist. DEM, was du absolut bist.

Und eben nicht, die Antworten anzunehmen von dem, was du denkst oder emotional fühlst was gut wäre, das, was den Stempel „Wertvoll" bekommen hat, sondern dem Brauchen und Wollen in die nicht willentliche Stille zu folgen, in diese pure Sehnsucht, in diese pure Liebe. Darin ist das Selbst als ungeteilte Stille, sich erfüllendes SEIN offenbar. Diese Entdeckung wird immer umfassender. Das lässt einen am Urgrund wurzeln und in Sattheit leben.

DEM, was pur und still ist, folge.

Es ist wichtig, nicht nur einmal zu schauen, was du wirklich willst und zu sehen, was deine tiefste Sehnsucht, dein tiefster Beweggrund ist und damit einmal in Berührung zu sein und so einen Geschmack davon zu haben. Sondern immer wieder frisch zu schauen und vorbehaltlos zu sehen, zu fühlen, zu erleben und still zu SEIN und dich so in deinem Grund-von-Stille und Selbst-Sein total zu erfassen, als DAS, was-du-bist.

In dem, wo du dich voll und ganz ernst nimmst – in dem, was JETZT erlebt wird, du DIR-Selbst loyal bist - zerfällt die Peripherie. Das „Geglaubte" wird wegfallen, die Freiheit des Selbst bleibt als beständige Gewissheit und als lebendiges ungeteiltes SEIN.

Es gibt nichts zu suchen, außer praktisch pragmatisch zu leben und sich immer tiefer vorbehaltloser DEM Einen Selbst was Ich Bin,
Hier anzuvertrauen.

Wenn nicht jetzt, wann dann

„Wenn nicht ich, wer dann? Wenn nicht jetzt, wann dann?"   (Rabbi Hillel)

Jetzt Hier, vertraue dich doch einfach der Stille des Atems an – still mit Dem, so wie es geschieht, still mit Dem, was IST.

Der Ich-Geist findet immer wieder Gründe, nicht von sich zu lassen. Erzählt „was soll das, das ist es doch schon", doch solange DAS noch gekannt und gewusst ist, ist es eine Schublade des Erkennens. Dies Erkennen ist absolut wertvoll, um nicht „hier und da" suchen zu müssen und genauso ist es eine neue Möglichkeit des „Ich-Geistes", sich Dem, was ist, nicht widmen zu müssen.

In der Hingabe an dich selbst, diesem, was so unmittelbar gegenwärtig ist, ist ES näher als nah und nichts, was je erfasst werden könnte. In der Hingabe an diese Nicht-Greifbarkeit des Gegenwärtigen bleibt die Möglichkeit, sich immer wieder NEU erfassen zu lassen.

In Stille sein, Kontemplation, Hingabe an das Sein, gleich wie du es nennst – die „gelebte Praxis" ermöglicht, dass das Phänomenale mit dem Noumenalen als identisch und ungeteilt erlebt wird, das scheint mir das Wesentliche, worin Selbsterkenntnis, Erwachen, DAS Eine Selbst zur lebendigen Realität wird.

ICH IST GOTT

Dies wortlose Erleben ICH ist die Grundlage von Leben, ohne Anfang und ohne Ende ist es umfassend und in sich absolut frei.

Darin macht sich der Gedanke „Ich" breit, bindet dich an Objekte, suggeriert dir du wärest selbst ein Objekt, und führt sich dabei auf wie der Herr im Haus. Doch dies ungebundene Empfinden von ICH, dies wort-lose Erleben anwesend zu sein, was scheinbar ganz unspektakulär und doch ungeteilt IMMER hier ist, IST GOTT.

Verweile in diesem unmittelbaren Empfinden-ICH, dem wortlosen Empfinden anwesend zu sein. DEM gib allen Raum und lasse ES-sich-erleben und total erfassen. Lasse dich ganz von dieser lebendigen Stille aufnehmen und SEI DAS ohne Zweites.

Wo immer du auch bist, du bist was DU BIST, halte dich an das Unmittelbare, das, was friedlich und beständig IST. Darin sei, was-du-bist.

Dies scheinbare Ich kann immer wieder des Weges kommen mit all seinen Versprechen und seinen kleinen Tricks, dem Mangel und der Erzählung, wo die Fülle ist, der Lust und dem Versprechen nach Befriedigung und Erfüllung, dem Gefühl von Trennung, dem Versprechen des Einsseins, wenn du seiner Strategie folgst. Lasse es weiterziehen und vergiss es. Dem „Ich-Geist" mit seinen Versprechen nicht zu folgen, darin liegt kein Nachteil – weil du hier in dir Selbst vollständig bist. Du bist frei aus dir selbst heraus, liebend und frei, da fehlt nichts. Du bist DAS Erscheinen des EINEN - du bist DAS, was das Selbst ist.

Da ist nur DAS Eine Selbst und DAS bist du. Es gibt keine eigenständige Wesenheit, da ist nur DAS und niemand, der DAS sein kann, nirgendwo.

Du bist Das Selbst, aber es gibt keines

Es ist weder dies noch das.

Das, was weder Ich noch das Selbst ist, ist das Selbst. Und das, was man das Selbst nennt, ist nicht das Selbst.

Es ist sehr simpel: Alles, was du wahrnehmen kannst, kann nicht das sein, was du bist!

DAS, was das Ich und die Welt, das Selbst-SEIN und GOTT sieht, wurde selbst nie gesehen.

Wie könnte „das Auge" sich selbst sehen?

Dies, was alles sieht, was selbst nicht zu sehen ist, das, was zeitlos immer IST, ist das, was du bist. DAS sei ungeteilt.

WER BIN ICH?

„Man sollte sich keine Sorgen darüber machen, ob man fähig sein wird, nach dem mystischen Tod wieder ins Leben zurückzukehren. Worüber man sich Sorgen machen sollte, ist, ob man aus dem Seinsstand Leben hinauszusterben vermag!"

    (Pai-chang Hui-hai)

Die Frage „Wer Bin Ich?" ist wohl die wesentlichste Frage überhaupt, denn mit ihr wird das Ich direkt angeschaut, angezweifelt und dem ungeteilten SEIN anvertraut. Darin liegt die Möglichkeit, zu schauen wer du wirklich bist. Dich so DEM Selbst hinzugeben, den Frieden und die Freiheit zu kosten, die da ist – und dich mit allem, was auftaucht, nähren-und-verspeisen zu lassen.

Es ist ein Sterben in DAS, was ungeboren das Eine Selbst ist, das, was Du Selbst bist.

Dies Empfinden-Ich ist das Tor zwischen dem phänomenalen und dem noumenalen SEIN. Wenn du dich kennst als DAS, was ist, obwohl keine Erfahrung stattfindet, und du DAS ohne Wenn und Aber bist, ist der Lebens-Traum des „Ich" geplatzt, denn du bist das, was DAS Selbst ist. Das ist Friede und das, was Freiheit IST, ohne Zweites.

Erforsche die Frage „WER BIN ICH?" in Stille, nichts was da getan werden muss. Sei einfach, losgelöst mit dem, was ist, schauend, wer da schaut. Seiend ohne Zweites, wo schon nichts Erstes ist.

Intellektuelles, intuitives, wissendes Verständnis hat hier keinen Wert, gib alle Gedanken und Erfahrungen hin – an diese eine Frage – und lausche der Nicht-Antwort in ALLEM. Darin sinke bis auf DEN Grund, falle aus dem Sein, zurück in die eigene Quelle, die du Selbst nie verlassen hast.

Es gibt kein Frage oder Erfahrung, die noch Bedeutung haben könnte, wenn du einmal wirklich mit der Frage „Wer bin ich?" in Berührung gekommen bist. Alles, was du glaubtest zu kennen und zu wissen, zerfällt in nichts.

Wie Angelus Silensius schrieb: "Was bin ich? Ich weiß nicht was ich bin. Ich bin nicht was ich weiß. ... Ich glaub an keinen Tod, sterb ich doch alle Stund."

Eröffnet sich „die Antwort" auf dies „Wer bin ich?" zweifelsfrei, umfassend, so ist die Antwort auf alle existenziellen Fragen und auf die ganze Existenz gefunden!

DEM vertraue dich an. Verweile still und losgelöst, in der nonverbalen Antwort, mitten im ungeteilten SEIN. Darin lasse sich das offene Geheimnis durch alles entschlüsseln, immer wieder frisch in diesem Moment. Lasse dich total erfassen von DEM-was-du-bist.

Alles Ausgedachte, Vorgestellte und Erkannte zerfällt hier. Nur DAS, was du warst, bevor du wurdest bleibt existenziell.

DAS zu sein, was weder ein Ich noch eine Erfahrung braucht um zu Sein was es ist, ist die absolute Freiheit deiner Natur.

Stille

Lasse die Idee zurück „ich existiere" und verweile in der natürlichen ungeteilten Stille, hier zu sein. Sei diese natürliche Stille. Sei das Selbst, ohne Zweites.

Kein Objekt, an dem du halten kannst, kein Subjekt, was je existiert hat, ungebundenes SEIN, was mit sich selbst durch die Lebendigkeit des SEINS tanzt. DAS ist alles.

Sei einfach Still

Mache dir keine Gedanken, wo immer du auch bist, du bist DAS, was-du-bist.

Lasse dich erfassen von dem, was Selbst IST, schmecke diese Sanftheit und den Frieden und siehe, dass da immer nur DAS EINE ist.

DEM vertraue dich an.

Mache dir keine Gedanken – sei einfach still.

Lasse alles zur Ruhe kommen. Halte einfach an, darin eröffnet sich DAS Offensichtliche selbst. Es gibt nichts zu tun – genau das ist zu „tun".

Freiheit, zu realisieren, dass DU BIST, was-du-bist, und beiläufig fallen die Konzepte ab und lösen sich auf. Doch du selbst bist in deiner Natur immer schon frei, das kann HIER gesehen werden.

Ein Geschehen des Ganzen

Auszüge aus einem Mail-Austausch: „Heute war ich mit meinem 18-jährigen Sohn in der Stadt. Ich konnte mich kaum auf den Beinen halten. Mein ganzer Körper zitterte, Schwindel, die Menschen – in der Stille ist so eine Verbundenheit – doch vorhin in der Stadt kamen mir alle so marionettenartig vor, die ganze Stadt wirkte irreal, tiefe Traurigkeit erfüllte mich."

Ja, weil auch vieles so hinter der Oberfläche ist, leer, traurig, marionettig, manipuliert, das alles wird dann mit äußeren Reizen überspielt – und durch deine Offenheit wird auch das erlebt, einfach weil es da ist, „in dir, im Außen" wie auch immer – es wird in der Stille gesehen und berührt natürlich auch. Auch so zeigt sich GOTT, in seinem Ungeteiltsein. Damit sage sage ich nicht, dass man da mitschwimmen soll, doch auch das ist Gott, der sich in seinem Traum verloren hat und scheinbar wenig Interesse an sich SELBST zu zeigen scheint.

Manchmal, wenn ich in der Stadt unterwegs bin oder am Bahnhof sitze und mit dem Zug in eine andere Stadt zum Satsang fahren will, kann mir das passieren, was du beschreibst und das ist nicht schön, das kann laut und schmerzhaft sein, keine Frage. Doch an Erfahrungen muss nicht geschraubt werden, sie werden in dem Moment, wo sie sind so erlebt – wertvoll, sich einen Moment zu nehmen, darin anzuhalten und die Stille zu schmecken, die da IST.

In diesem direkten Erleben laufen mir manchmal einfach nur die Tränen vor Hingabe und Schönheit – weil das Ganze, mit allem, was auftaucht, leer IST. Und Gott sich ins tiefste Vergessen stürzt, ohne zu vergessen, weil ER SELBST vor DEM Erkennen und vor dem Vergessen IST was-er-ist.

„Wieder zu Hause bin ich in Tränen ausgebrochen – ein unendlicher Schmerz – dieses Wissen, dass ich dort keine Erfüllung mehr finden werde, es ist ein Abschied – und hier in mir ist noch kein Angekommensein."

JA so ist das, die Welt, die man kannte, gibt nichts mehr her – es gibt sie einfach nicht mehr. Wertvoll, dass man sich auch von dem Altbekannten in Stille berührbar verabschieden kann (sonst geht das oft nach hinten los), es passiert ja ganz beiläufig, dann, wenn es auftaucht. Es geht einfach um die Berührung mit dem, was ist, ohne an etwas festzuhalten. Nix Dramatisches, einfach das stille berührbare Sehen und Sein, darin kann alles Vergängliche in Frieden verblassen.

Und genauso kann das Gewöhnliche, Einfache auch als ein Geschehen des Ganzen voller Schönheit erlebt werden. Doch es geschieht immer aus sich heraus. Wir können nur unser Bestes tun – ohne an Ziel oder an dem „Bild" zu kleben. JA, es mag eine Art Ankommen in dem organischen Sein geben – doch Ankommen geschieht immer nur Jetzt Hier, in dem sanften Anhalten und dem frischen Erleben von Dem, wie-es-ist. Und durch dies unmittelbare pure Erleben erfasst einen die Stille des Seins, durch alles.

„Es schwankt von tiefster Verbundenheit und absoluter Einsamkeit und auch Angst. Ronny, ist es möglich so alleine sich dem zuzuwenden? In diesem ... ist alles da, fehlt nichts. Nur wie geschieht die Brücke? Sobald ich mich den Gedanken zuwende ist augenblicklicher Schmerz in meinem Herzen, der sich erst wieder löst, wenn ich mich still hinsetze."

Wunderbar, dass du so wach bist und erlebst, wie Gedanken in dir Schmerz erzeugen. Darin liegt die Möglichkeit, nicht der Geschichte nachzuhängen, sie gehen zu lassen und nicht weiter in Gedanken und die Geschichten hinein zu investieren.

Was soll ich sagen: Es gibt keine Brücke! DU BIST DAS. Jedes Hinwenden, jedes Erkennen, jedes Verlieren findet in Gott statt – das ist die Brücke. So kannst du dich in allem, was auftaucht und sich zeigt, DEM hinwenden und es durch alles, was dich ausmacht, Sein.

Der Ich-Geist, der durch den unruhigen Verstand wirkt und nur durch Gedanken und Virtuelles lebt, lässt sich einiges einfallen, denn ohne „dich", ohne „dein" darauf Zugreifen verliert er seine geglaubte Existenz und die ganze Welt, die da mit dranhängt – in der Bereitschaft, die Finger aus dem Virtuellen zu nehmen und still zu sein, bleibst nur DU und das ist Friede, Liebe, Erfüllt-sein.

Eine Qualität von GOTT ist der Zwischenraum, der Zwischenraum von Gedanken, Gefühlen, Empfindungen, der Zwischenraum ist auch in dem unmittelbaren ungeteilten SEIN. Darin kannst du immer tiefer schauen, wurzeln im Unbekannten, Unfassbaren – DEM, was immer in Friede ist.

So ist die scheinbare Brücke, bei DIR zu verweilen und das zu SEIN, was-du-bist. Absolut wertvoll in dieser wortlosen Gewissheit zu sein, … einfach zu sein mit der Stille, die IMMER IST und da zu wurzeln, DAS nimmt kein Ende.

Es gibt keine Regel, ob man es allein mit sich ausmacht oder zum Satsang geht – beides kann gut sein. Aufrichtigkeit und Entschlossenheit sind entscheidend. Wenn es einen von Herzen ruft irgendwo hinzugehen, ist es wertvoll und wichtig dort hinzugehen. Wahnsinn wäre, so eine Art Guruhopping oder Spiritourismus zu betreiben – das führt nur zu einer Art Seins- und Konzepterausch.

„Ich kenne niemanden, dem ich mich in dieser Tiefe zeigen kann, sie würden alle mehr Angst haben als ich. Ich fühle mich auch so verletzlich mit dem in mir, so schutzlos… Dies natürlich alles nur, wenn ich nicht in Dem bin – aber in Dem zu bleiben kann nicht erzwungen werden, ich spüre auch die Sinnlosigkeit jetzt noch etwas zu tun…"

Es ist gut, wenn auch der ganze Schmerz, die Verwirrung, der Zweifel, die Angst, … zu Tage tritt und PUR erlebt werden kann. Erlebe und fühle es in seiner Lebendigkeit bis ins Innerste, so wie es in seiner Lebendigkeit erlebt werden kann, durch alles hindurch.

Halte dich an den Zwischenraum, der in Allem IST. Halte dich an das Selbst, das in der Stille durch alles offensichtlich wird. Du musst nichts tun, sei einfach still, lege einfach dein Leben in „Gottes Hand", lebe ein praktisches Leben so gut wie möglich – lasse dich einfach von der Sinnlosigkeit, der Sinnfreiheit und der stillen Schönheit des SEINS auffressen.

Sei Dankbar

Jeder Konflikt, jede Erfahrung kann Einladung sein, dich der lebendigen Stille des Seins hinzugeben...

Sei dankbar für das, was ist, weil es eben nicht anders IST, wie-es-ist. Lasse dich einfach von der natürlichen Stille des Seins aufnehmen.

Vertraue Dem, wie-es-sich-zeigt,...

Dem Ego ein Ende setzen

„Wie man es schafft, dass das Ego endgültig seinen Kampf aufgibt?"

Das Ego ist einfach nur etwas „Virtuelles", es hat keine reale Substanz und klar kann das Schmerz erzeugen, keine Frage. Wertvoll, still zu sein mit dem, was ist. Denn wenn du still bist und dich mit Haut und Haaren einlässt auf das, was IST, und alle die Bilder und Vorstellungen darin fallen, gibt es gar kein Ego. Da ist nur ungeteiltes SEIN. Wertvoll und wesentlich herauszufinden, wer du selbst wirklich bist. Und hier geht es nicht darum, seine persönlichen Konzepte und Identitätsbilder mit spirituellen unpersönlichen Konzepten und gelesenen Wahrheiten auszutauschen, sondern dem auf den Grund zu gehen, es für sich selbst herauszufinden.

Es ist eine Herausforderung, alle Identitätsbilder beiläufig anzuschauen, einfach zu sehen ...und zu schauen wer schaut. Und das, was du bist, kann nicht verstanden werden, weil es kein Objekt ist.

Alles, was du verstanden hast oder verstehen kannst, ist „objektives Wissen", damit kann das Ego gut.

In der Unmittelbarkeit, einfach zu Sein, da gibt es kein Ego. Sich dem SEIN vorbehaltlos anzuvertrauen ist wie eine Brücke, die keinen Anfang und kein

Ende hat, und in dieser End-losigkeit fällt die Brücke weg, in DAS, was Sein ist, wenn es sein soll. Doch es ist so simpel und pragmatisch. Sei einfach, dies erfüllt den ganzen Raum aus sich heraus, es genügt sich selbst. Das ist vollständig und in sich gut.

Na ja und solange ein Körper da ist, wird auch die Erscheinung des „Egos" etwas sein, was temporär kommt und geht, das gehört zusammen. Alles unterliegt der Veränderung, es kommt und geht, doch du selbst kommst nicht, gehst nicht und du bist in deiner Natur unverändert HIER, dies zu entdecken und sich dem vollständig zu überantworten und darin zu wurzeln, ist das Wertvollste. Das ist in seiner Natur völlig anstrengungslos, das, was es ist, und DAS bist du.

Nochmal zu der Frage: „…wie man es schafft, dass das Ego endgültig seinen Kampf aufgibt?" Indem du es nicht mehr bedienst und alles als Gottes Willen oder reines Wirken akzeptiert wird und du bereit bist, mit dem wie es sich zeigt still zu sein. Und so allen Kampf aufgibst – ein Fühlen was gerade da ist, ein immer wieder es so pur Erleben wie es ist und den Frieden in allem zu entdecken – so zerfällt all das Scheinbare und Virtuelle. Und beiläufig offenbart sich DAS, was immer ist, durch dich und alles was IST.

Das Feuer der Individualität auslöschen

Setze dich einfach, schmecke das Unmittelbare, wie es ist, lasse den Verstand zur Ruhe kommen, atme und trinke die stille Schönheit des Seins.

In der Stille, schaue...

Die Unruhe der Gedanken treibt endlos in Projektionsbilder. So kann selbst ein wahrer Gedanke falsche Vorstellungen erzeugen. Glückselig und in Frieden ist der, der die Langsamkeit und die Stille willkommen heißt.

In der Stille kannst du schauen, was dich veranlasst zu denken und vor allem, wer oder was denkt. So ver-lasse das vorgestellte Geschehen und verweile in der Unmittelbarkeit, in der die unbewegte Stille mit sich selbst in Bewegung ist.

In dieser lebendigen Schau zerfallen die Montage-Punkte der Individualität, die dich im Denken, im Gefühlsdrama und der Projektion halten.

Schaue, beharrlich, und verweile ungebunden im Sein – gleich was erscheinen mag. Dinge mögen auftauchen, Geschichten, Gedanken, Gefühle, Erinnerungen. Du beobachtest einfach berührbar und ungebunden. Der Zwischenraum, der darin offfensichtlich wird, ist grenzenlos – darin kann alles kommen und gehen. Alles, was kommt und geht, wird einfach mit einer Sanftheit und Freundlichkeit gesehen, so wie du an einer Rose riechst, dich an ihrem Duft, ihrer Schönheit erfreust und doch achtsam und aufmerksam bleibst, weil du auch ihre Dornen kennst.

Du bist dieses schauende, ungeteilte Prinzip. Lasse dich endlos genährt sein, von DIR-Selbst.

Die Erforschung, die stille Schau bezieht sich nicht auf das beobachtete „Objekt" – die Person, das Individuum, das Muster oder den Knoten, der dich scheinbar gefangen hält, sondern auf die Energetik, die stattfindet. Verliere dich nicht im beobachteten Objekt. Sei einfach in der Energetik des alchemistischen Geschehens – darin erfasst es sich immer wieder aus sich selbst heraus, die Konstante, die IST.

Beobachte nicht über die physischen individuellen Sinne – schaue direkt. Hier in diesem unmittelbaren Erleben zu sehen, dass alles, was du sehen kannst, schon etwas Gesehenes ist und selbst das Sehen schon von DIR Gesehenes wird, öffnet die Möglichkeit alles Erfahrbare zu durchdringen, all die Bilder fallen zu lassen und SO vor und inmitten von allem, zu SEIN-was-du-bist.

Die Illusion geboren zu sein bringt tief schmerzende Wunden mit sich.

Was tust du? Willst du ein wenig entspannen, abschalten, dich einfach gut fühlen?

Glaubst du, dadurch Heilung und die Ganzheit des SEINS zu finden?

Bist du auf der Suche nach Ganzheit und Lebendigkeit, willst du das Leben feiern – in Lust und Schmerz? Dann hast du in der Tiefe nicht verstanden! Denn die Lebendigkeit des SEINS ist mitten in der Berührung mit der Vibration des SEINS das Offensichtliche. Hier kann Heilung geschehen, in dem was heil IST.

Die Einladung ist, sich einfach total einzulassen, auf DAS-was-ist. Das ist kein Tun, sei einfach mit dem wie-es-ist. Durch das berührbare Sehen und Sein erfasst sich die Totalität des SEINS Selbst.

In diesem berührbaren Sein übergib alles, was an den Orten des Schmerzes herumliegt, der liebenden Stille in dir – lasse dich tragen von DEM, was-du-bist.

Sei einfach, der natürliche Frieden ist immer gegeben, darin verweile.

Sei einfach, in Frieden mit dem, was ist. Dies Hier-Sein wird dich weiter tragen und so das ungeteilte Sein endlos eröffnen, als DAS, was-du-bist.

Das ungeborene Sein hält alles Notwendige bereit, um die Not zu wandeln. Vertraue dich einfach der lebendigen Stille, im Wandel, an.

Es geht IMMER nur um diesen einen Augenblick – hierin ist alles enthalten.

Die Stille des Gewahrseins ist DAS Heilmittel. Frage nur nach dem ungeteilten Gewahrsein, was fraglos immer HIER IST – DEM vertraue dich ganz an.

Glückselig und in Frieden ist der, der sich sein eigenes „Grab" schaufelt. Dies ist kein Tun, es ist das Lassen von dem, was einen handeln und denken lässt. Es ist das Lassen der Vorstellungen und Dramen, die suggerieren eine Person, ein Individuum zu sein. Schaue einfach und sei still...

Das „Denken und Reden" öffnet für die Energetik des Mangels, der Separation, des Lust-/Schmerz-Prinzips; daher verweile in deinem eigenen Sein, wo nur ungeteiltes SEIN als lebendiges Prinzip IST.

Verlasse den Durst nach individuellen Erfahrungen und verweile an der Quelle des Seins Jetzt Hier; SEI DAS, was-Energie-ist und lasse unbeeindruckt alles in der ungeschaffenen Stille geschehen und vergehen.

Halte einfach an und gib dich DEM ganz hin – indem du DAS bist. Sei still, mit dem was ist. Atme den Frieden und die Schönheit des Seins. Wenn das „Ich" still wird, wird DAS Eine Selbst, als Einziges offensichtlich.

DAS Eine Selbst ist immer und in allem grenzenlos und unermesslich, DEM gib dich vorbehaltlos hin – es IST was-du-bist. Aus sich selbst heraus zeigt sich darin die EINE Wahrheit, die auf keine Kategorie zu begrenzen ist und genau dies ist die Freude zu SEIN-was-ich-bin.

Das individuelle Feuer zu löschen heißt ganz konkret, mit der Stille selbst eins zu sein und so durch die Energetik des Ganzen zu SEIN-was-du-bist.

Wenn du DAS nicht mit deinem ganzen Sein liebst und ehrst, wird sich viel Energie zerstreuen.

Also, warum dem Lärm folgen?
Verlasse all die Geschichten „ich und die Welt" und sei still.

Verlasse die Geschichte, lasse all das Konzept-Wissen gehen, greife es nicht auf.

Achte nicht auf Zeichen und Symbole und die Kommentare des Verstandes, zu dem was geschieht.

Achte auf DAS unmittelbare, ungeteilte Sein, wie es geschieht – spüre und fühle es – lasse dich immer wieder frisch auf diese lebendige Stille ein, die in allem ist und vertraue DEM, in dir.

Lasse das ungeteilte SEIN sich sein eigener Beweis sein. Warum die Schönheit der Stille verschleiern?

Achte auf die lebendige Stille, die in dir und in allem IST – damit sei identisch.

Trinke die Schönheit der Stille – ertrinke in diesem Einen Sein – wo nur Selbst IST.

Die Achtsamkeit für-dich-selbst und das-was-ist ist wie ein organisches grenzenloses, offenes Tor in die Freiheit, des Einen SEINS.

In der stillen Achtsamkeit für das-was-ist fallen ohne Zeit alle zeitlichen Begrenzungen und Das Eine öffnet sich durch alles in dir.

Das Vertrauen zu SEIN-was-du-bist keimt durch die Hingabe und das Sich-An-Vertrauen, an DIES, wie es sich zeigt. Die Schönheit der Stille und die tiefe Gewissheit zu SEIN was-du-bist ist der Duft der Freiheit des EINEN Selbst.

Im Ich, im Individuum taucht die Sehnsucht oder der Wunsch nach Befreiung auf. Doch „das Individuum" wird diese Befreiung niemals erlangen, weil es seiner Natur nach Begrenzung ist.

Ein praktischer Hinweis ist einfach ein praktischer Hinweis – ich spreche nicht zu einem Individuum, Bewusstsein spricht zu sich selbst.

Lasse die Idee, ein Individuum zu sein, fallen – lebe praktisch, in Stille und sei einfach. Nicht das Individuum, nur dies Ich-Bin-SEIN kann zu seiner Quelle zurückkehren – dass die Freiheit des EINEN sich total erfassen kann. Dass sich die Quelle vollständig in sich selbst absorbiert und sich als DIES erkennt, was es war, bevor es wurde.

Es gibt kein Individuum. Das Individuum ist nur ein virtuelles Bild, ein Gedanke, der sich in der Form verfestigt hat oder sich auch auflöst und vorgibt „jemand und etwas" zu sein – einfach ein Gedanke, ein Bild, dem Glauben geschenkt wird, sonst nichts. Im Erscheinen Dessen-was-ist gibt es nur DICH. Die Gesamtheit des EINEN, die mit sich selbst in Bewegung, das bist du.

∞

Solange nicht erfasst ist, dass dies wortlose Empfinden von Ich ALL-umfassend ist und DEM Ich nicht auf den Grund gegangen wird, weil in Vorstellungen und Ideen gesucht wird, statt sich DEM total anzuvertrauen – ist jeder Hinweis nur der Geburtshelfer einer unfruchtbaren Frau.

Wesentlich ist, das Selbst zu erkennen und es durch das eigene Sein zu sein. Wenn die direkte Einsicht dessen, was immer IST, das Herz berührt und die Erfahrung darin zer-fällt, bleibt nichts „Falsches" mehr, da ist nur das Eine Herz, DAS was-Selbst-ist.

Es gibt nichts zu tun, einfach nur zu sein. Dies Sein selbst ist das Empfinden Ich-Bin-Hier, und wo ist das nicht? Die Verwirklichung ist das natürliche Sein. DEM gib dich hin, ganz einfach so.

DEM, was immer und überall ist, vertraue dich ganz an. Verweile in dem, was wortlos gewiss ist. Gehe Dem auf den Grund, indem du HIER bleibst und einfach still bist mit DEM wie-es-sich-zeigt.

In der wortlosen Stille Ich-Seins ist das Erscheinen des EINEN Selbst – lass dich total erfasst sein von dir. Hier, in dir ist das Gesuchte, du bist es selbst, DEM gib dich hin.

Doch indem du dich an Körper, Gefühle und Gedanken, an „Ich und mein Leben" klammerst, lieferst du dich einer begrenzten Vorstellung aus. Du drängst es dir selber auf und möchtest dem gleichzeitig - im Geheimen - durch Spiritualität und Erwachen entrinnen. Doch Erwachen ist DEIN Erscheinen Jetzt Hier, DU BIST DAS. Sich DEM Erwachen total anzuvertrauen, löscht die falsche Identifikation mit Form und Namen aus. Deine wahre Natur ist IMMER offen und frei, aber du überdeckst sie mit den unterschiedlichsten Konzepten. Der Hinweis ist simpel, greif all dies Konzepthafte nicht mehr auf und sei einfach. SEI-was-du-bist.

Dies Ganze SEIN wie es passiert, passiert spontan. Lasse es passieren, wie es passiert. Lasse es in Ruhe, greife nicht ein. Sei einfach still.

Indem du den Körper, den Atem und die Energetik, die in Dir passiert, kommentarlos wahrnimmst und so eins wirst mit der lebendigen, ungeteilten Stille, wird offensichtlich, dass es das ist, was du bist. Hierin wird offensichtlich: ICH BIN DAS.

Dies führt endlos über ALLES hinaus.

Gate, Gate, Paragate, Para Sam Gate Bodhisvaha. Bodhi Svaha

DAS meditiert über sich Selbst

Die Frage nach Stille, Freiheit oder Meditation ist letztlich immer die Frage nach DEM, was du bist. Doch ist es im Grunde so, dass DIES, was du bist, immer und in allem frei ist und permanent über sich selbst meditiert.

Dies wird offensichtlich, im Sich-Ergeben an dies, was immer schon still IST.

Jede Erfahrung ist die Erfahrung des Selbst, Dem vertraue dich einfach an.

Wenn es dich ruft, verliere dich ganz in DEM.

Halte an, tu nichts, höre dem Atem einfach zu.
Höre zu, wie es sich zeigt.
Lausche dem Atem, wie er geschieht und sei still.
Dies wird alles in DEM aufnehmen, wo es immer schon IST.

Wenn der Ich-Gedanke mit seinen Geschichten in der Stille versinkt, erscheint DAS aus sich selbst heraus, als das, was immer schon IST. DAS trägt die Schönheit der Wahrheit mit sich und lässt es durch ALLES offensichtlich sein.

Sich dem eigenen Atem anzuvertrauen, ist sich dem eigenen Selbst anzuvertrauen und so DIES in allem zu sein. HIER bist du identisch mit DEM, was du bist.

Dies zu erfassen, geschieht im Anhalten und Sich-Selbst- Vergessen,...

Es geschieht im Unmittelbaren, in der Kontinuität der Nicht-Wiederholung, da ist nur Atem, Friede, Stille, DAS Selbst, sonst nichts, ...

Lausche DEM-was-du-bist und sei still.

Meditation

Meditation geschieht im unmittelbaren zu Sitzen und zu Atmen, mit dem wie-es-ist, ohne auf etwas zu warten, ohne etwas zu erwarten, und SO in dieser lebendigen Stille einfach zu sein...

Meditation beginnt mit dem unmittelbaren direkten Da-Seins-Zustand wie es ist, darin findet sich Frieden und es findet sich darin kein Ende...

In dieser Endlosigkeit von Frieden, BIN ICH, auf dem weglosen Weg des Ungeborenen, in Berührung mit DEM, was-ich-bin.

Verwandlung

Verwandlung geschieht in der unbewegten Stille, die mit allem in Bewegung ist.

Verwandlung geschieht nicht durch unser Wollen und Tun.

Wirkliche Verwandlung geschieht in der unbewegten Stille – in der uneingeschränkt alles geschehen darf.

Relax, sei einfach still mit DEM, was-ist und lasse dich durch alles erfasst sein.

Verlasse all die Geschichten,
　　ziehe dich zurück in das, was immer IST.

Verweile in der Stille.

　　Gehe auch über die Stille hinaus,
indem du das bist, was die Stille Selbst IST

und sei still...

Berg der Gnade

Anwesenheit ist umfassend, universell,
ohne Anfang und ohne Ende.

Im ewigen raumhaften Prinzip,
einfach zu sein mit DEM-was-ist,
darin findet dich der Berg der Gnade.

Verweile an seinem Fuß,
verweile in IHM,
SEI dieser gnadenvolle Berg,
sei einfach...

DU BIST DAS – hier ist alles realisiert.
Weil alles immer schon realisiert ist.
Lasse alle Suche fallen, sei still
SEI was-du-bist

Ich krieg`s nicht hin

„Ich wende mich immer wieder der Erforschung hin. Immer wieder geschieht ein tiefes Absorbiertsein im Selbst, da ist Klarheit, Stille, ein liebendes Sein und dann packen mich wieder die Gewohnheiten, Süchte… Ein endloses Scheitern an mir Selbst. Ein Scheitern an einem Schein. Das macht mich betroffen,…"

Ja so ist es. Dies Betroffensein, dies berührbare Sehen, darin liegt die Möglichkeit der Veränderung und ein Wurzeln in dir selbst – DEM, was unverändert ist.

Keine Eile

Es ist wertvoll, Satsang-Talks, Darshan, Treffen in Stille zu besuchen, doch es geschieht in uns, in jedem Moment Jetzt Hier.

Kein Eile, es geschieht in deinem Rhythmus, vertraue dich einfach durch deine Bewegung, die im Inneren geschieht, der Stille an… Keine Eile, es geschieht in Dem Einen SEIN - nichts was erreicht werden müsse, alles ist immer Hier, DEM vertraue dich ganz an.

DAS Leben, was-du-bist

Eine interessante Frage: Was willst du mit Satsang, Erwachen, Erleuchtung, Befreiung loswerden - dem kann begegnet werden, ganz frisch, ganz einfach so.

HIER wird es rund, weil endlich alles da sein kann, wie-es-ist.

Interessant, was dich bewegt, was dich berührt, was dich brennen, lieben und leiden lässt, was dich lebt, was dich hin- und wegschauen lässt.

DAS, was ganz unmittelbar HIER stattfindet. In dieser Intensität von Leben ist kein Raum des Habens, kein Raum für einen Besitzer – DU BIST DIES.

Es ist das LEBEN als Ganzes – das, was Hier ist, ist DAS, was-du-bist.

Sei Einfach

Wisse nichts "über dich" und "wie es sein sollte", sei einfach; denn alles, was du meinst zu wissen, wird zu einer Art von Beschränkung.

Selbst dein Wissen von Freiheit, Selbsterkenntnis, Erwachen, Ich Bin, GOTT, DEM Absoluten, DEM was-du-bist, alles schöne Geschichten und Beschreibungen, mit denen sich der Verstand bestätigt, unruhig herumtanzt und virtuelle Begrenzungen erzeugt.

Sei einfach – kommentarlos - mit dem was ist; Dies ist friedlich, liebend und genügt sich selbst.

Was ich bin, ist kein Glaube und HIER zu entdecken

Warum sich nicht von der Vollkommenheit, die HIER IST, erfassen lassen.

Das nächste Mal, wenn der Gedanke auftaucht „Es sollte anders sein", gehe nicht auf das unruhige Denken ein – lasse es – schenke ihm keinen Glauben, und vertraue dich der direkten Erfahrung an – so wie es ist. Fühle und sieh, dass du im ungeteilten Fluss – deiner Natur – immer schon frei bist, DEM vertraue dich an.

Diese totale Freiheit und Vollkommenheit wird nur gesehen, wenn wir nicht in "Objekt-Beziehung" schauen, sondern einfach PUR – ungeteilt – erleben, wie es ist.

Es ist eine Frage der „entspannten" Aufmerksamkeit und der Resonanz, die ich nähre.

Es gibt gar niemand, der denkt. Denken ist ein „kollektiver Raum", der sich selbst denkt – auf den man sich einschwingt oder eben nicht.

Dies „Gebetsmühlen-artige-dauerhaft-Denken" ist nur die schlechte Gewohnheit, in Gedanken, Projektionsbildern, all dem Geglaubtem rumzuhängen.

WAS WÄRE WENN: „Wenn es doch anders wäre, wenn die anderen nur nicht über mich denken würden, wenn ich nicht denken würde, wenn ich auch so wäre wie du, wenn ich nur erleuchtet wäre." Immer dies bessere JETZT, was nur in der Zukunft liegt und noch von niemand berührt wurde.

Ganz pragmatisch: Nur in diesem, was immer HIER ist, ist Erfüllung zu finden – in dem, wie es sich gerade ungeteilt und pur zeigt.

Immer wieder wird der Gedanke aufgegriffen „wenn das doch so und so wäre" und dann wird dem nachgerannt. Doch es gibt kein „WAS WÄRE WENN". Es gibt nur DIES HIER und das ist kein Objekt.

Ich und meine Geschichte, so eine Art *(falsches)* Spiel: ein Gedanke, mit dem du dich klein machst.

Dann ein überheblicher Gedanke, mit dem du meinst, dich groß zu machen, dich toll zu fühlen, und nichts von realer Substanz. Ich und alles, was du hinten dran hängst, ist nur ein Bild aus Gedanken, in das lange investiert wurde. Nichts gegen Gedanken! Doch was davon hat wirklich Substanz?

Ein Gedanke ist nur ein Gedanke, dies zu sehen öffnet für dies stille Danke und ein erfülltes Sein mit Dem wie-es-ist. Nichts gegen Gedanken, wenn sie pragmatisch sind, sind sie praktisch und gut! Alles andere ist nur das kleinliche Denken des Ich, was selbst auch nur Gedanke ist. Danke. Die Frage der stillen Erforschung: Was lässt mich denken?

Und vor allem: Wer bin Ich?

Im Ablegen und Lassen all der Gedanken und vorgestellten Bilder wird gesehen, dass rein gar nichts von Bestand ist. Das ist der Tod des Ich – da es kein Ich und nichts anderes gibt, was jemals Substanz hatte oder haben könnte.

Mit und ohne Gedanken ist das, was wir LEBEN nennen, immer schon harmonisch mit SICH im Fluss. Diesem Fließen in MIR, was keine Gedanken braucht, kann ich mich anvertrauen, da ist eine grenzenlose Lebendigkeit und nichts als unbewegte Stille.

„Die vielen Geister sind unsere Konzepte.
Der mächtige Geist ist der Glaube an ein Selbst.
Die wilden Geister sind die Gedanken, Diese Geister zu vernichten, bedeutet ein Eingeweihter des Chöd zu sein!"

(Machig Labdrön)

Der Innere Weg

Den inneren Weg zu gehen braucht Mut und Entschlossenheit: Erst ist es die Bewegung frei sein zu wollen, dann die Freude, tiefer in den Frieden und den Genuss der Freiheit eintauchen zu können, darin findet sich kein Ende...

Irgendwann, mittendrin – wann und wo auch immer das sein mag – wird erfasst, dass du Selbst frei bist, dass du Selbst DAS Selbst, ohne Zweites, bist. Da fängt es erst an,... denn der denkende Geist macht sich gerne alles zu eigen, sogar dass ICH kein Gedanke bin und denkt DAS endlos weiter, was nicht denkbar ist. Na danke.

...Oder verschanzt sich wieder in einer „un-persönlichen"-Schublade, wo der Mind Sicherheit findet, denn ich bin ja sowieso vollkommen und frei – denkste. HIER spielt die Musik, und nur HIER kann der gegenwärtige Moment durchdrungen werden, in dem du dich siehst, wie du jetzt bist, mit ALLEM, was da scheinbar wünschenswert ist, mit allem, was du immer schon loswerden wolltest, mit allem. Du bleibst einfach still, HIER mit dem, was ist – es darf tanzen – da ist die totale Lebendigkeit, darin wird die Freiheit, die du bist zum Geschmack des Offensichtlichen.

Der innere Weg ist kein Weg in dem Sinne, dass du irgendwo hingehst. Es ist der Weg an sich, HIER-IN erfasst sich die Ganzheit Selbst. In jedem

Moment frisch, in der Lebendigkeit der Stille, in der ALLES kommen und gehen kann, in der alles geschieht. Vollständigkeit, die mit sich selbst in Bewegung ist…

In diesem Mitkriegen von DIR fallen alle die Überlagerungen, Überlegungen, Ge-fühls-schichten weg, verbrennen im Feuer des Gewahrseins, es wird liquid, der Raum wird transparent sich-selbst berührend. In der Nähe mit dir Selbst geschieht es ganz einfach so, dass das „Scheinbare" verblasst, und das, was du in allem bist, tritt in den Mittelpunkt des Erlebens und nimmt sich ganz natürlich allen Raum…

Sei einfach, still mit dem was passiert, relaxe, bleibe HIER.

Dies was HIER ist, ist alles. Alles andere ist Vorstellung und Gedanke.

Der innere Weg: Gedanken, Gefühle, Vorstellungen, Bilder gehen zu lassen, dich DEM vorbehaltlos anzuvertrauen, dich DEM, was-du-bist hinzugeben, total.

HIER, da wo du bist, kannst du die Freiheit atmen, Liebe, Frieden trinken – darin ertrinken.
So wie-du-bist SEIN, was du bist.

Vertrauen

Die Schere des Zweifels nährt die Trennung, treibt in den unruhigen Verstand und zerstört den Kontakt mit der Substanz des Seins – lasse sie ins Leere schneiden, verweile in entspannter Achtsamkeit und alle Tore werden sich öffnen.

Solange die Dinge in Frage gestellt und angezweifelt werden, bekommt DAS keinen Raum in dir, lasse alles fallen – vertraue der Lebendigkeit des unmittelbaren HIER.

Der Zweifel ist von großem Wert. Denn das, was angezweifelt werden kann, wird berührt von DEM, was beständig ist. Vertraue DEM und sei still.

Ein lebendiges Gebet: "Dein Wille geschehe" Und das Schöne, es gibt nichts außer "Gottes Willen", DEM kann ich mich an-vertrauen.

Der Pfad des Ungeborenen

Wer bereit ist, in jedem Moment So wie-es-ist LEBEN und TOD zu erfahren, ist bereit auf dem Pfad des Ungeborenen voranzugehen, die Luft der Freiheit zu atmen und DIES-zu-sein.

Tod und Leben sind nicht voneinander verschieden. Nur Geschichten, Bilder und Vorstellungen können sterben. Das Leben ist immer DAS LEBEN, und das bist du, SO wie-du-bist. DEM gib dich hin, Sei DAS – das ist alles.

DAS, was im Geborenwerden nicht wird und im Sterben nicht vergeht, ist DAS Selbst. Es ist nicht in Zeit und doch IMMER hier. Bilder, Vorstellungen, Konzepte erscheinen und werden wieder vergehen, doch du selbst bleibst unberührt, DAS, was du bist. Sei Das – wortlos, ungeteilt
SO wie-du-bist.

Lasse alles sterben, was sterben kann und sei DAS, was immerwährend Leben IST, und die Kraft trägt dich voran auf dem Pfad des Ungeborenen, in der Offensichtlichkeit was du in deiner Natur bist.

Dem Unheil entkommen

„Wenn du dem Unheil begegnest, ist es gut, dem Unheil zu begegnen. Wenn du sterben musst, ist es gut zu sterben. Das ist die wunderbare Art, dem Unheil zu entkommen."

(Daigu Ryokan)

„Ich hab schon länger das Gefühl, dass da eine Frage ist, aber immer wenn ich versuche etwas Klares zu formulieren, entwischt es mir.
…ich versuch jetzt einfach mal. Auf eine Art scheint mein Leben gerade immer sinnloser zu werden. Zwischendurch kommen Attacken von einen „äußeren Sinn finden müssen, mein Leben komplett auf den Kopf stellen zu müssen oder ein fieberhaftes Identifiziertsein mit allen möglichen Schwierigkeiten, die es halt so gibt."

Identifiziertsein mit Lösung und Problem – etwas, was es nur im DENKEN gibt. Es braucht Mut, das zu sehen und Entschlossenheit, es hinter sich zu lassen, jeden Moment frisch.

„Die Grundstimmung ist ziemlich depressiv. Ziemlich schnell habe ich allerdings immer das Gefühl, dass es nicht möglich ist, dass es nicht in meiner Macht liegt und das macht mich noch depressiver."

Lebe einfach praktisch, so wie es dir möglich ist. Und nutze einfach die Möglichkeit, dich dir selbst zuzuwenden, und es ist ja schon DA. Sei einfach, liebevoll, nah mit dem was ist – da ist Frieden. Und wenn du depressiv bist, sei depressiv, das ist ein fried-volles Sein. Sei es, ohne daran festzuhalten oder es zu überspielen – vertraue dich einfach der Lebendigkeit des Inneren an. Von dort öffnet sich etwas, was sinnlos und zugleich total sinnerfüllend ist – sich selbst nährendes Sein.

„Derzeit ist selbst der Durst, die Sehnsucht nach DEM kaum vorhanden, kaum ein Impuls in diese Richtung. Alles scheint sinnlos. Vielleicht noch nicht mal das. Ich weiß es nicht...eigentlich weiß ich gar nichts. Manchmal taucht plötzlich ein Gefühl von totalem Verlorensein auf und daraufhin beginnt oft wieder fieberhafte gedankliche Aktivität."

Ja, mein Punkt, das Denken – bis auf die wesentlichen alltäglichen Dinge – komplett gehen zu lassen, nicht mehr aufzugreifen und sich dem direkten Erleben anzuvertrauen. DAS Paradox - im Verlorensein wirst du immer tiefer von GOTT gefunden als DAS, was nie verloren war.

„Jetzt gerade taucht dieses Verlorensein auf und Schmerz. Totales Alleinsein. Kaum zu ertragen. Völlig hilflos. Verloren und total allein, als wäre ich der einzige Mensch in diesem riesigen Universum."

Du bist DAS EINZIGE, im Universum.

In dieser Unerträglichkeit des Alleinseins, total zu sein, fällt „der" weg, den es immer nur als Vorstellung und Idee gibt…

Schön, dass dieser Schmerz wach wird. Denn wenn wir ehrlich mit uns sind, taucht unweigerlich einfach auch all das im Bewusstsein auf, was DEM scheinbar entgegen steht. Gut, es zu sehen, zu fühlen und sich dann einfach Dem hinzuwenden, was man aus dem Innersten liebt, und zu leben wofür man lebt.

Und oftmals weiß man gar nichts mehr, durch all die Überlagerungen, die ausgedachten Vorstellungen, Gewohnheiten, Begierden Chaos, Schmerz und Ge-Schichten. So ist es einfach immer wieder wertvoll, sich diesem direkten Erleben von „was-auch-immer ist" in der direkten Erfahrung zu stellen und HIER zu bleiben – von dort aus wird die Sicht frei auf das Eine Selbst, und indem du dort bleibst, wirst du einfach verschluckt immer tiefer von DEM, was immer „woanders" gesucht wurde. Bleibe einfach still,… still in dieser Lebendigkeit des SEINS, wie auch IMMER es sich zeigt,…

Sonst nichts mehr.

Alles taucht von Selbst auf

Alles taucht ganz von Selbst auf, alles, was wir wollen und auch das, was wir nicht wollen, und der Wille oder der Wollende – wie man es bezeichnen oder aus welcher Perspektive es sich zeigen mag – verblasst beiläufig und DAS Selbst bleibt und tritt in den Mittelpunkt des Erlebens, als das, was es IMMER ist. So wie wir uns in unserer Begrenzung kennen und erleben, so können wir uns auch in unserer Freiheit und dem Frieden erfassen und mittendrin sehen wir, dass wir IMMER schon in allem frei sind.

Ja, wenn wir „Depression" durch das Denken in Bezug setzen, erleben wir die totale Begrenzung unserer selbst. Und fallen in eine tot gedachte Leere oder hängen uns an die Unruhe im Verstand, um uns zu retten – so wird dies Sterben des scheinbaren Ich oft missinterpretiert und sich dann wieder an „Gedanken und das alt Gewohnte" gehangen. Wenn Depression pur erlebt wird, ist es ein Tor in DAS, was Friede, Stille IST. HIER kann ein Sichanvertrauen stattfinden.

Was auch immer geschieht, lasse es geschehen, halte dich an das unmittelbare lebendige SEIN, was immer hier ist: den Hintern, auf dem du sitzt, die Füße auf dem Boden, die Lebendigkeit des Atems, die Vibration des SEINS wie-es-sich-zeigt.

Hier treffen „zwei Dinge" aufeinander, die Begrenztheit und Vergänglichkeit des Menschseins und die lebendige Leere von unbegrenztem SEIN. Das zu erleben und zu akzeptieren, das ist wunderbar, denn Begrenzung ist die Natur des Menschseins; wenn das akzeptiert ist, frisch in diesem MOMENT, kann es ohne Bezugnahme pur erlebt werden – und IST darin selbst schon transzendiert - da ist eine Dimension von Stille, eine brennende und doch so sanfte Liebe, darin bleibt kein Bild, keine Schublade lange bestehen.

In diesem undenkbaren Raum HIER

Wenn das Leben sich als eine Art Krise zeigt, wir unsicher, ängstlich, am Zweifeln sind - und wir dennoch die eine lebendige Wahrheit lieben, weil im Innersten gewiss ist, dass wir DIES sind – bleibt kein Bild lange bestehen, und das ist das Schöne, wir sind einfach DA und dies DA-SEIN ist umfassend und trägt den Geschmack der Freiheit in sich.

Wird keine "Beziehung" zu der Erfahrung hergestellt, wird das Leben PUR erlebt, wir sind einfach nackt mit dem Leben in Berührung und die eine lebendige Wahrheit kann sich selbst frisch mit Haut und Haaren erfassen,…

Die scheinbar nicht so wünschenswerten Erfahrungen sind oft die wertvollen, denn all die "Vorstellungen" gehen darin verloren und die Idee, dass ich das Leben in der Hand hätte, nein, es ist eher so, dass das LEBEN mich in der Hand hat und ich DAS bin, was das LEBEN IST.

Im puren Erleben wird offensichtlich, dass alles ein Teil des Lebens ist - dass es DAS LEBEN IST, das sich ungeteilt spielt. Es kann erfasst werden, dass all das, ALL DAS, was erfahren wird, Illusion ist und Ich Selbst ungeboren und frei DIES EINE SELBST BIN. Nicht um mich aus dem Erleben oder aus einer scheiß Situation rauszureden, sondern weil ich keinen Strohhalm mehr finde, an den ich mich klammern oder anschmiegen könnte und so alles Erscheinende von mir fällt.

Hier geht es nicht um schmerzhafte Erfahrungen und darin Gnade und Erlösung zu finden – wo man zuvor Glück und Erleuchtung gesucht hat. Eher geht es darum, jede Erfahrung "als-Gott-gegeben" pur zu erleben.

Wird in diesem undenkbaren Raum des Unmittelbaren, HIER geruht, in dem Form und Leere erscheinen, dort wo Illusion keine Illusion ist, falsch nicht falsch und richtig nicht richtig, sondern die Verwirklichung dessen, was-ich-bin, so IST alles einfach Beweis meiner Existenz.

Genau hier lässt du dich selbst zurück, alternativlos. Ganz im Unmittelbaren zu SEIN sprengt den gedachten Raum und all die Vorstellungen, Bilder und Projektionen, wie es zu sein hat und wie es sein könnte. Es ist ein Sich-der-TOTALITÄT-total-Anzuvertrauen, Sich-erfasst-sein-zu-Lassen, in DEM wie-es-ist.

Die Erfüllung der Ewigkeit

„Wenn dein Herz wandert oder leidet, bring es behutsam an seinen Platz zurück und versetze es sanft in die Gegenwart deines Herrn. Und selbst, wenn du in deinem Leben nichts getan hast außer dein Herz zurückzubringen und wieder in die Gegenwart unseres Gottes zu versetzen, obwohl es jedesmal wieder fortlief, nachdem du es zurückgeholt hattest, dann hast du dein Leben wohl erfüllt."

Diese Worte hier am Anfang von *Franz von Sales* so schön, deutlich auf die Verantwortung hinweisend, dass wir selbst Antwort und Erfüllung sind auf das, was geschieht. Einfach nur für Jetzt. Nur für Jetzt, hier liegt die Erfüllung der Ewigkeit, in uns selbst.

Ja, wir haben es nicht in der Hand, was geschieht, was der Raum der Möglichkeiten hervorbringt. Doch genauso wie wir es nicht in der Hand haben, ist uns auch die Aufgabe – unser Leben in die Hand zu nehmen – gegeben, nach unserem Herzen zu handeln und zu sein, was auch immer es sein mag. Selbst im Scheitern an der eigenen Aufgabe, an der eigenen gelebten Wahrheit findet einem Erfüllung.

Hingabe heißt sicher nicht, sich passiv zu relaxen und sich zurückzuziehen, in diesem „es ist doch alles gut", und ja, auch das kann Hingabe sein. Doch scheint es mir umfassender; das Wort Aufgabe trifft es. Wir nehmen aktiv unsere Aufgabe an, die uns als Mensch gegeben ist und geben an „einem Punkt" auch darin auf, weil in der Frische des Momentes HIER erfasst wird, ES-lebt-sich. DIES entbindet nicht, es befreit von dem, der fragt oder wissen könnte, es befreit von dem, der frei oder gebunden zu sein scheint, die Perspektive dreht unmerklich in dies Hier-bin-ich-Du. Ich bin dies Eine Selbst. Ich bin immer Antwort auf das, was ist. Wir können uns durch nichts entgehen, weil wir eben in allem DAS sind, was wir sind. Das ist das Schöne, in dieser Gewissheit zu leben, die nicht wissen muss, …sich einfach anvertrauend, weil es jetzt nicht anders ist und so ungeteilte Antwort ist, auf das-was-ist.

Wenn nichts gesucht wird, was nicht da ist und einfach geschaut wird, was gerade gesehen werden kann, eröffnet sich in diesem stillen schauenden Sein, dass dieser Moment hier für sich selbst steht und die Erfüllung des Ewigen ist.

DAS Heilmittel

Du Selbst bist das Heilmittel.
Sei einfach, sei still und Liebe.

Alles entspringt aus DIR, alles mündet in DICH.

Sei einfach, das was SEIN ist.

Kein Heilmittel wird benötigt, denn du Selbst bist das Heilmittel. Ver-lasse einfach die Vorstellung „Ich und die Welt", beherberge keine Konzepte und Du Bist dies Eine Sein Selbst, du bist dieser ungeteilte Frieden, Heilsein Selbst.

Du Bist, das ist deine ursprüngliche Natur, ungeteilt immer Hier und doch selbst nie in Zeit. Das SEI, so wie-du-bist, und atme dies ungeteilte SEIN.

„Ich will Wasser in die Hölle gießen und Feuer ans Paradies legen, damit diese beiden Schleier verschwinden und niemand mehr Gott aus Furcht vor der Hölle oder in der Hoffnung aufs Paradies anbete. Sondern nur noch um seiner eigenen Schönheit willen."

(Rabia al-Adawiyya)

Jeder Daseinszustand ist in sich perfekt

Jeder Daseinszustand ist in sich perfekt - das wird im Anhalten und Stillsein mit DEM, wie-es-ist zur direkten Erfahrung. Und natürlich, wenn du in der Stadt bist zum Einkaufen oder auf der Arbeit, und auf einmal taucht Angst auf oder Verwirrung, dann setzt du dich nicht hin und bist still. Da ist dann selten wirklich Raum dafür. Aber du kannst nah damit sein, in Berührung, es sehen und den Dingen, die anstehen, so gut wie möglich nachgehen und mitkriegen, wie es in dir pulsiert, was da wirklich stattfindet. Nicht, was du darüber denkst, sondern wie es wirklich ist, jetzt in diesem Moment. Das ist ja auch nichts anderes, wie das worum es geht, wenn du Raum für dich hast, anhalten kannst und still bist.

Die äußeren Aktivitäten kommen vollständig zur Ruhe und das Innere darf vorbehaltlos geschehen. Und es ist eine totale Nähe, ein berührbares Sehen damit. Und das Interessante, zum Beispiel wenn Verwirrung da ist und du die Verwirrung bist, kann festgestellt werden, was darin klar ist, was immer klar ist, du Selbst. Das Verlorensein, die Verwirrung, die Verzweiflung liegt einfach in der Person, in der Individualität. Da ist nichts Falsches dran. Aber wenn dich Befreiung ruft, tauchen genau diese Dinge auf, Verwirrung, Angst, Zweifel, Unsicherheit – weil sie DEM scheinbar entgegenstehen. Es taucht auf und es kann gehen.

Die Sache ist, wenn dich Befreiung ruft, Erwachen, DAS, was deine Natur ist, die Wahrheit oder wie du es nennen magst, und da eine Ehrlichkeit IST, dann verschwindet diese Instanz, die glaubt etwas davon haben zu können, Freiheit, DAS, was du bist, bleibt übrig. Und es kann immer wieder etwas auftauchen, was man als unangenehm oder einengend bezeichnen kann. Das Schöne, wenn dich deine Natur erfasst hat, taucht das alles in Freiheit auf. Zweifel erscheint und wenn die Dinge nicht angezweifelt werden müssen, wenn du nicht an dir zweifelst, sondern einfach nur Zweifel auftaucht, wird das ganze Geschehen angezweifelt aus sich selbst heraus. Und darin wird offensichtlich, was deine Natur und in sich frei ist - DAS, was Wahrheit ist.

Und es ist wichtig, nicht an den Worten hängen zu bleiben, sondern zu erforschen, dem wirklich auf den Grund zu gehen und dein eigener Beweis zu sein. Was sonst. Nichts Schöneres, als da immer tiefer einzutauchen. Nichts Schöneres, als mitzukriegen, dass deine Natur Erwachen ist und es durch alles zu erleben. Ja, es ist sehr simpel. Es ist so simpel, wie wenn du morgens aufwachst und das, was du wahrnimmst, ist da. Die Sonne steht am Himmel und um dich herum ist alles an seinem Platz – weil es eben dort ist. Anders gesagt, das Selbst ist immer das Selbst und dazu gibt es nichts Zweites. So simpel. Und die Herausforderung daran ist anzuhalten und es durch alles zu erfahren. Und anzuhalten ist nichts Passives. Aber auch nichts Aktives. Eher eine aktive Passivität.

Wenn sich die Freiheit deiner Natur erfasst hat, dann taucht all das auf, was dem scheinbar entgegensteht. Was dich scheinbar zu einer Person, scheinbar zu einem Individuum macht, scheinbare Begrenzung erscheinen lässt, Missverständnisse, Widerstände, Traumata, Gebrochensein...

Stelle dir vor, ein Trauma taucht auf in dem, was in sich heil und unverletzt IST. Und das Wunder, wenn es einfach gesehen, gefühlt wird, die totale Berührung, die totale Nähe damit ist, ohne irgendwas zu inszenieren, ohne irgendwas therapeutisch zu basteln, sondern einfach die Nähe damit, darin passiert Heilung, obwohl gar keine gebraucht wird, weil DU-Selbst heil bist.

Verwirrung erscheint und du bist die Verwirrung. Und indem du der Daseinszustand bist, transzendiert er sich selbst in das, was SELBST ist. Und auf einmal wird ES offensichtlich - indem du einfach die Verwirrung bist, wird offensichtlich, was klar darin ist. Und weder musst du an dem festhalten, was klar ist, noch an der Verwirrung, weil es in Bewegung ist. Es geht einfach ins Nächste und ins Nächste. Es fällt weg und das, was Selbst IST, bleibt übrig. DU BIST. Das ist die Herausforderung, durch all die Erfahrungen, durch all die Daseinszustände in dem zu wurzeln, in dem zu münden, was deine Natur ist, was frei ist, und dich als das zu kennen.

Nichts muss gelöst werden. Paradoxerweise ist die Idee, dass etwas gelöst werden muss, die Bindung. Deine Natur ist frei. Du selbst bist frei. Und dies einfach zu schmecken, das zu sein, das passiert im Satsang, ganz einfach so. Und es braucht nicht unbedingt ein formales Treffen. Eher die Bereitschaft und Entschlossenheit, die Dinge zu durchdringen und das zu sein, was du bist. Freiheit ist immer mit dir, weil du es bist. Einfach wertvoll, alle Worte gehen zu lassen, sich einfach nicht damit zu beschäftigen und im Anhalten und Stillsein mitkriegen, was passiert, was stattfindet, wie das Leben, die fünf Elemente mit sich tanzen. Wenn das hautnah erlebt werden kann, kriegst du mit, dass das frei ist, kriegst du mit, dass das deine Natur ist, in der Hingabe an das Selbst, wo es nichts Zweites mehr gibt. Das ist die größte Freude.

Da wird so viel Liebe frei, so viel Stille, und alles, was vorher war und nachher kommen könnte, ist ausgelöscht.

Ein unschätzbarer Wert liegt in der totalen Nähe mit DEM, was da ist – DEM, was näher als nah ist. Und das, was wir scheinbar immer loswerden wollten, damit einfach nah zu sein, wenn es auftaucht. Darin verlieren wir uns in Gott. Zweifel, Angst, Verwirrung und all die anderen schönen Dinge, die wir nicht haben wollten - was ja auch ganz natürlich ist, aber an einem Punkt gehen einem die Alternativen aus. Dann sitzt du einfach da mit dem, was da ist. Fühlst es, erlebst es, bist dieses Erleben, bist das. Ein endloses Sterben in Liebe. Ein endloses Sterben in die Wahrheit, wie sie gerade ist. Nichts, was schöner sein kann.

Ignoriere den Verstand einfach, liebevoll, indem du mit dem nah bist, was wirklich unmittelbar passiert, es ist die Berührung mit der Lebendigkeit wie-es-sich-zeigt, daraus wird die Liebe, die Freude und die Stille, die immer IST, offensichtlich.

Der ungeteilte Raum, der sich nicht benennt, darin wird die Liebe selbst offensichtlich

Ahhh, so ist das...

...du sagt, dass du es liebst, wenn ich über die Liebe spreche. Mir fällt es selten auf, dass das passiert *Lachen*, ...weil in dem Moment, wo Liebe so erfahren wird, dass ich darüber spreche, es keine Distanz dazu gibt, keine Trennung zu der Erfahrung. Da ist einfach die ungeteilte Energetik von Leben, die sich dann auch, vielleicht, durch Worte äußert. Ja und immer auch wieder dies wache Sehen mittendrin: Ahhh, so ist das, und es bewegt sich und verändert sich, in seinem Unbewegt-SEIN.

Wenn du die Liebe liebst, setze dich hin, sei still, völlig zwanglos und spüre den Hintern, auf dem du sitzt, die Füße auf dem Boden, pur wie es sich zeigt – ohne gedankliche, emotionale Interpretation – all das, was darin geschieht, spüre den Atem, wie er kommt und geht und das, was darin unbewegt IST. Einfach immer nur ein Moment des Schauens und Lassens *Ahhh, so ist das gerade*... Und du schaust tief in die Erfahrung, IN DIR, wie sie ist. Du schaust einfach tief in das Erleben, wie es sich zeigt. Du schaust einfach tief in deine Wesensnatur, die einfach IST und lauschst der Liebe, die darin singt und schwingt und lässt dich darein sinken, dich davon ganz aufnehmen, in jeder Zelle, SO-wie-du-bist.

Und das, was die Liebe IST, wird zu etwas Tragendem in DIR. Ganz simpel, dadurch, dass wir ES bemerken, uns DEM hinwenden wie es ist und DAS so sind, bekommt es mehr und mehr Raum, durch DICH. Diese Liebe ist in sich ungebunden, und im ansichtslosen Schauen und Schmecken dessen fällt DAS, was schaut, auf sich selbst zurück und verliert sich im Ganzen, was du DAS BIST.

Die Quelle des Schauens wird nie Geschautes sein und offenbart sich so, als all das, was HIER IST. SO bist du einfach Beweis deiner eigenen Existenz, dass du bist, was du bist.

Liebe ist...

In der Erfahrung, wie sie auch sein mag, einfach zu lieben, öffnet eine energetische Realität, die durch alles fließt und so ungeteiltes-SEIN immer tiefer und umfassender offensichtlich macht.

Das Interessante, bei längerer absichtsloser Betrachtung entsteht mehr und mehr Bewusstheit für das-was-ist – für ALLES und auch für all den Schmerz, der nicht sein durfte, all das Ungeliebte, und so geschieht ein tieferes Ankommen, durch das Mensch-Sein, IN DIR.

Die Liebe, die im inneren Erleben immer zugänglich ist, wird zu einer Art Fokus und verschlingt sich selbst. Die Bilder und Erfahrungen, die kommen und gehen; nichts was festgehalten oder bewahrt werden müsste, da das LEBEN und das Lieben in lebendiger stetiger Bewegung ist und alles mit sich trägt.

Es ist so simpel: Da alles, was erscheint, illusionär ist, ist alles erlaubt...

Echt Sein

Wenn wir „unsere Probleme" nicht wie schwere Steine durch den Verstand bewegen, mit all den Lösungsversuchen – Gedanken-Vorstellungen, die einzig dem Problem Realität verleihen – wir die Erfahrung einfach SIND, verblasst die Idee, dass es etwas anderes gibt als DAS, was-hier-ist.

Ein Leben zu seinen Bedingungen kann gelebt werden, na klar auch mit den Schwächen und Verletzungen – das lässt uns Mensch sein – echt, mit DEM-was-ist, weil wir ES sind.

Echt SEIN, authentisch sein kommt nicht dadurch, dass wir authentisch sein wollen und an uns arbeiten – sondern aus der Direktheit, die nichts anderes braucht, als DAS, wie-es-ist.

Die Nähe (auch) mit dem Verletztsein in uns, darin liegt die Möglichkeit, tiefer in DEM zu wurzeln, was unverletzt, in-sich-heil und sicher IST.

Authentisch sein ist nichts, was man werden kann, es liegt im unmittelbaren SEIN, wie-es-ist. Es ist so simpel: Wenn ich wütend bin, dann bin ich wütend, wenn ich hasse, hasse ich, wenn Trauer auftaucht eben das, ...es gibt keine Vorstellung, wie ich zu sein habe, weil ich selbst keine Vorstellung bin. Es kümmert mich nicht, wie ich bin, dadurch bin ich auch wirklich bekümmert, berührt, von dem, was passiert, dies lässt mich auch echt sein im Lachen und Lieben, PUR mit Dem-was-ist.

Authentizität bedeutet Echtheit im Sinne von, als das Original befunden – also liegt der Schlüssel echt zu sein, indem du dich als DAS Original kennst – was in allem IST, was-es-ist.

Der Sucher ist das Gesuchte, immer schon gewesen

Ein Schlüssel, der die Tore des Lebens-selbst öffnet, immer wieder ein aktives Einlassen auf das, was ist, darin liegt die Hingabe an diese Stille, die immer IST.

Leere und Fülle sind gleichzeitig zu schmecken. Scheinbar gegensätzliche Erfahrungen scheinen "fast" zusammen aufzutauchen und nichts woran man halten könnte und gleichzeitig scheint ein intelligentes Durchschauen immer wieder darin aufzublitzen, was organische Pfade durch die Grundlosigkeit von Sein findet.

...Ein leeres Lebendigsein, nah mit den Dingen... Das Feste anerkennend, ohne etwas festmachen zu wollen. Nur im Denken scheint es so etwas wie ein Ziel jemals geben zu können.

ES ist verrückt, es gibt kein Ziel und kein Ende, weil es nur DAS IST, das weder Anfang noch Ende hat. Es ist eine Reise ohne Wiederkehr, indem man einfach von allem lässt und sich dem Gewahr-SEIN anvertraut, was mit allem in Bewegung ist.

Das Erscheinen des Lebens lädt ein, zu schauen, zu genießen, zu leben und einfach zu SEIN-wie-man-ist. Man lässt es sich einfach gut gehen.

Still zu sein ohne Ziel, ohne eine Form wahren zu müssen, scheint von unschätzbarem Wert.

Die Trance, es wird Ideen und Vorstellungen nachgejagt, getriggert durch die erste Idee „Ich, ich und mein Leben", dann tauchte irgendwann die Idee von "einem guten Leben, Erleuchtung, Befreiung" auf. Doch ist es einfach ein endloses Wandern durch mich selbst, DAS entspricht keinem Bild und offenbart sich durch alle Bilder… Gleich wie es erscheint, Freiheit kann entdeckt werden, eben weil es nicht offensichtlicher sein kann. In dieser Offensichtlichkeit können die Dinge durchdrungen werden, ohne sich fangen oder prägen zu lassen.

Die Dinge wandeln sich – ich bin unverändert. Frieden, der einfach im Schauen und Lassen der Dinge IST; Wahrnehmung, die sich darin selbst berührt, in dieser totalen Nähe mit dem IST, Gewahrsein, das ALLES durchschaut, ohne dass ETWAS gesehen werden muss…

Der Sucher ist das Gesuchte, immer schon gewesen. Und weil es zu DEM nichts Zweites gibt, kann und muss nichts gefunden werden. In der Bereitschaft, das, was ist zu lassen und still zu sein, kann Findenlassen geschehen, hierin liegt ALLE Erfüllung.

So ist es mehr der Anfängergeist – immer wieder zum ersten Mal zu erleben, was ist und die Bereitschaft ganz HIER zu Sein. Die einfache Stille und die Absorption im Selbst, die endlos weiter trägt...

Es geht endlos weiter, nichts wo man sich festmachen kann. In diesem Erfahrungs-Raum: Leben findet statt und das ist nur DAS, was Leben ist, man nennt es auch SEIN. Im Erleben der unzerbrüchlichen Liebe zu DEM entsteht Raum, dass sich DAS immer wieder frisch erfassen kann, mit dem-was-ist.

Solange man dem „Mind" aufsitzt, hat man immer wieder das Gefühl "das bringt alles nix" oder „wenn ich DAS geschafft habe, DANN...". Doch wenn du dich dem organischen Erleben des SEINS anvertraust, das immer gegeben ist, findest du dich in deiner eigenen Atmung – so wie es gerade ist - deinem eigenen Rhythmus wieder, der das offfensichtlich macht, was ansteht, was vollständig und GANZ ist – DEM, was ganz ist, muss es nichts bringen. Es ist einfach ein In-Bewegung-Sein, mit dem Leben so-wie-es-ist, und so von dieser Schönheit zu kosten und sich sich dabei endlos verspeisen zu lassen.

Als letzter Wunsch auf der Reise erscheint die Wunschlosigkeit, die sowohl Samsara als auch Nirvana hinter sich lässt. Und darin liegt schon eine nirvanische Tendenz und Strömung, weil man sich nicht mehr mit den Objekten groß befasst, aber auch Nirvana ist darin zurückgelassen...

Leben-findet-statt..., dankbar für dies große Geschenk, sich DEM anzuvertrauen, "gleich" wie es erscheint und darin immer wieder die Freiheit des Lebens, in allem, zu entdecken.

Es ist sehr simpel und zugleich nichts, was erreicht werden könnte, als eine Art Ziel von „Das ist es Jetzt", oder „Ich bin erwacht", denn es gibt kein Ankommen im SEIN – weil nur SEIN IST. Eher ist es ein beständiges Daraufeinlassen...

Jedes Ankommen, jedes Erwachen, jede Erfahrung, jede Faser des Seins ist eine Momentaufnahme des Unfassbaren.

Es gibt gar keine Erfahrung, die Bestand hätte.

Sich dem Gegenwärtigen ohne Wenn und Aber anvertrauend, darin öffnet sich das ganze Mysterium, immer umfassender aus sich selbst heraus.

In diesem Sich-DEM-Öffnen und Sein, mit dem was ist, bade ich in „meiner" Bedeutungslosigkeit, weil da nur die Fülle des SEINS ist, die die unmittelbare Abwesenheit von „mir" ist, darin liegt der Wert der ganzen Existenz an sich.

Die Zufriedenheit der Befreiung

...Die Befreiung, die in allem gesucht wurde, in allem zu SEIN was-du-bist.

∞

Die Sehnsucht ist, Friede, Glück, Befreiung zu erlangen; ...oder dass dir auch die Konzepte noch abhanden gehen.

∞

Die Zufriedenheit der Befreiung, die Offensichtlichkeit der Tatsache zu sehen, dass hier nichts fehlt und nie etwas verloren war.

Dort, wo festgestellt ist, ich bin identisch mit dem, was IST, endete der Traum, jemand und etwas zu sein.

Danke

Indem DU mir „mein Leben", all die Vorstellungen und Wünsche genommen hast, ist alles erfüllt und es gibt nichts, was fehlen könnte.

…ein lebendiges Gebet,
was immer wieder auftaucht, DANKE

Bewusstsein tanzt mit sich

In dem Mitkriegen, dass du bist, ist die Vibration von Leben frisch zu erleben und dies Wissen, dass du bist braucht kein Wissen – Es ist Bewusstsein Selbst.

Es ist direkte unmittelbare Erfahrung. Ohne Gedanken, ohne gedankliches Konzept einfach HIER zu sein, darin gibt es weder "dich" noch "die Welt".

Doch "die Welt" ist interessiert an dir, weil die "Welt" nur durch "dich" Bestand hat – durch dein Basteln oder dein Ablehnen der Welt und der 10.000 Dinge. Doch wenn du einfach HIER bist, fehlt nichts, und dich dieser Vibration von stillem sattem Leben anzuvertrauen, welches sich weder abwendet noch mit den Dingen beschäftigt – DA ist Frieden, und deine ungeborene Natur wird aus sich heraus offensichtlich – ganz nebenbei.

Und natürlich ist es eine Herausforderung – "die Welt" lässt dich nicht so einfach gehen, sie verspricht dir alles, um dich am Laufen zu halten, sie verspricht dir, normal integriert dabei zu sein, sie verspricht dir sogar Erleuchtung, ein gutes Leben – frei von Problemen, alles was man sich so vorstellt.

Kein Problem, wenn du genug hast, steigst du einfach aus – der Ausgang ist Hier, im Unmittelbaren.

Es geht nirgendwo hin, "nur" der gedankliche Überbau fällt weg. Du bleibst als DAS, was du warst bevor du wurdest und Leben eröffnet sich in seiner endlosen Freiheit und Tiefe.

Und weil es kein Abwenden und Leugnen ist, erblüht Mitgefühl daraus, was einfach zur Verfügung steht, wenn wir uns DEM, was da ist, mit-Gefühl anvertrauen. Dies Mitgefühl fühlt einfach mit sich SELBST, was alles ist, was du bist. Ein Erlöschen in Liebe, in dem du einfach bist was du bist, ohne dich behaupten zu müssen, weil dies Nichts-sein eine Süße in sich trägt, die einfach so durch die ganze Existenz IST.

Es ist das Geschenk der Freiheit deiner Natur, dass du bist was du bist.

In keiner Art und Weise

Es geht nicht um Perfektion, als eine Art Erleuchtung, Befreiung oder ein Ideal des Menschseins, eher in allen (un)vollkommenen Erfahrungen ...vollkommen zu sein. Einfach zu SEIN, wie-es-ist.

Ohne Konzept „darüber",...

Da ist nur Vollständigkeit und nie etwas anderes.

Du bist Das, was sieht - selbst nie gesehen

DAS, was du bist, liegt nicht im Bereich der Veränderung, maximal kannst du schauen, dass sich das Schauen nicht verändert und selbst schon etwas Geschautes ist.

"DAS war so klar…"

Ja, dann kann es DAS nicht gewesen sein, …denn DAS ist nichts, was kommt und geht. Das, was du bist, kommt nicht und geht nicht.

Und ganz praktisch, wenn du sagst DAS war so klar: Vielleicht ist momentan Unklarheit im Erleben, und in dieser Unklarheit total zu sein, darin kann alles klar und offensichtlich sein, was immer und ohne Wenn und Aber IST. Ohne dass sich der Zustand ändern "muss"; wenn er es tut, schön, wenn nicht auch gut. Und dies Schauen und ganz darin sein ist nur ein praktischer Hinweis, nicht mehr und nicht weniger – ganz beiläufig zu sehen, dass nichts fehlt und dass du bist, was du bist. Das ist von größtem Wert und in sich frei.

In Klarheit und Sanftheit HIER zu Sein, schafft einen Raum, dass das, was da ist, durchdrungen werden kann und so seinen gedachten und konzeptuellen Überbau verliert, und die Lebendigkeit des Ewigen und DAS, was deine Natur ist, mehr und mehr zur kontinuierlichen erlebten Gewissheit wird.

DAS, was immer ist, ist das Eine Selbst.

Es ist am Anfang, in der Mitte und am Ende, DAS, was es immer ist.

Für das, was du bist, gibt es weder, Anfang, Mitte, noch Ende. Das kann in jedem Moment gesehen werden.

DAS ist nicht in Zeit und DAS-bist-du.

Vergiss es

Jede Erleuchtung, die du erhoffst, die über dich kommen könnte, muss unweigerlich wieder gehen. Alles, was kommt, ist schon wieder am Vorübergehen. Doch du selbst bist immer hier, schaue es dir an.

Erleuchtung ist deine Natur, du bist diese absolute Kontinuität des SEINS, doch da ist kein Raum für jemand, der erleuchtet sein könnte, lasse alle die hoffnungsvollen Vorstellungen und Ideen gehen und Sei DAS, so wie-es-ist.

Lasse einfach die Identität fallen und Sei Hier, still mit dem, was ist, so wie du bist...

Das Einzige, was es zu „tun gibt, ist zu Sein", ein Paradox, denn das ist IMMER - offensichtlich, wenn du ohne vorgestelltes Konzept einfach bist. Da sei... und schaue was wirklich ist, schaue WER schaut, schaue WER du bist?

Bleibe ohne Antwort, in DEM, was kontinuierlich gegenwärtig, ohne Zeit ist.

DAS BIST DU

Verweile in deinem eigenen Vergessen. Da sei einfach still, ohne Konzepte zu beherbergen. Im Zustand des Vergessens zu weilen und DIES zu sein, öffnet das Absolute, diese Eine Substanz in DIR.

Nichts

Eine Geschichte der Sufis, die ich hier erzählen möchte: Im Palast hatte sich der Hofstaat versammelt und wartete auf den König. Da trat ein unscheinbarer Mann aus dem Hintergrund vor und setzte sich auf den Thron. Der Premierminister befahl dem Fremden, seine Anmaßung zu rechtfertigen: „Sind Sie ein Botschafter aus einem fremden Land?"
„Nein, mehr als das", erwiderte der Mann.
„Sie sind ein Scheich?", fragte der Premierminister. „Größer als alle Scheichs bin ich."
„Sind Sie ein Gottgesandter?"
„Nein, selbst größer als Gott bin ich", sagte der Mann. Erzürnt rief der Premierminister: „Nichts ist größer als Gott!" Worauf die Antwort kam: „Nichts bin ich."

Es gibt nur diese Eine Substanz

Es gibt nur diese Eine Substanz, in der alles erscheint. Und alles, was erscheint, ist einfach eine Reflexion des EINEN.
Eine Reflexion ist eine Reflexion und ist nicht die Substanz selbst. Lasse alles gehen, versinke ganz in DEM, SEI DAS.

Jede Wahrnehmung, jeder Glaube, jede Vorstellung geht hierin verloren. Weil hierin kein Raum für Wahrnehmungen, Glaubens-Bilder und Vorstellungen ist. Es gibt hier nichts Zweites und vor allem nicht Erstes.

Nur DAS, was du warst bevor du wurdest, bleibt, als das, was es immer schon und in allem ist, DAS sei. Kenne dich als DAS, was nicht kennbar ist und SEI DAS in allem.

„Entsage, entsage der Welt, und entsage auch dem Entsagen und gib sogar die Abwesenheit des Entsagens auf. Von Natur aus – alldurchdringend wie Raum, absolutes Wissen bist Du"

(Sri Dattadreya – Avathuta Gita)

Der natürliche Zustand

Indem gewusst wird, dass es nicht wirklich gewusst werden kann, wird "ES und Ich" einfach vergessen und ist doch ungeteilt offensichtlich ohne Objekt zu Sein. Irgendwann stellt man fest, Erfahrung wandelt sich endlos. Das Einzige, was sich nicht wandelt, ist DAS, was Selbst ist, und das ist kein Ding. So ist sich dem Wandel der Dinge anzuvertrauen und still zu bleiben, wie ein lebendiges Tor in DAS, was-du-bist.

Wenn dieses Wissen, dass du bist, wach wird, erscheint dieser Raum. Und das bist du.

Und wenn dieser Raum und alles Wahrgenommene verschwindet, dann bist du in deiner Nacktheit ohne Zweites Selbstgenuss PUR.

Genieße es, liebe es, sei still. Sei diese Eine unbewegte Stille, in der alles ungeteilt erscheint.

Mehr geht nicht, mehr geht nicht als Das Hier - das ist deine Natur. Ja, mein Gott, mein Gott …

Du bist, das ist unbedingt und ohne Wenn und Aber.

Wenn Erfahrung stattfindet, schenke diesem simplen stillen Empfinden zu sein deine Aufmerksamkeit, es wird zum Magnet – es erfüllt sich selbst, ist friedlich, liebend und in sich frei.

DU BIST – das ist auch, wenn keine Erfahrung stattfindet – doch nichts, was du dir darüber denken kannst oder Raum für Wissen und Konzepte lässt. Es ist deine Natur, DAS Sei, mit deinem ganzen Sein.

om purnam adaha purnam idam,

purnat purnam udacyate,

purnasya purnam adaya,

purnam eva vasisyate

Om Shanti, Shanti, Shanti

_-_-_

Om, alles was ist, ist DAS.

Aus dem Ganzen manifestiert sich das Ganze.

Wenn das Ganze verschwindet, bleibt das Ganze.

DAS ist Friede Om Shanti, Shanti, Shanti

Für dich ist nie etwas passiert...

....Es endet, wenn der Wahrnehmende zusammenbricht, die Wahrnehmung abreißt – keine Wahrnehmung, keine Erfahrung da ist – nichts erlebt wird und nichts geschieht und du trotzdem bist, was du bist.

Da ist es vorbei und dann kommt "wahrscheinlich" das Ich-Bin, das Universum, die Welt, der Körper wieder zurück und da ist eine Gewissheit, die nicht wissen muss, da du bist, was du bist, da für dich nie etwas passiert ist...

...Daraus ergibt sich eine totale Sinnlosigkeit. Sinn-losigkeit, Freiheit par excellence.

Das einzig Sinnvolle, was du noch tun kannst, wenn sich die höchste, absolute Wirklichkeit in dir erkannt und erfasst hat, ist, sich DEM hinzugeben und zu SEIN was-du-bist.

Du bist absolute Wirklichkeit, verweile in dem direkten ungeteilten Wissen und Erleben ICH BIN. Lasse das offene Geheimnis sich aus sich selbst heraus entfalten, dass du immer und in allem DAS bist, was du bist. DEM gebe dich hin.

Du bist Absolute Wirklichkeit

Zuerst erschien es

als wären es Zwei und Vieles.

Dann eröffnete sich aus der Vielfalt

das ungeteilte SEIN, darin eröffnete

sich DAS Eine.

Dann verschwand selbst DAS Eine.

Das ist die höchste absolute Wirklichkeit,

Das, was in Allem

Hintergrund, Substanz

und Wirklichkeit ist.

DAS, was das Eine Selbst ist.

Nichts als Hingabe

Da ist nichts als Hingabe.

Kein Objekt der Anbetung und niemand, der sich dem Gebet ergibt.

Du bist DAS Eine Selbst, das sich durch alles - in diesem endlosen Strom von Leben - sich selbst hingibt.

DEM gib dich hin, das ist alles.

Im Innersten des Herzens

DAS hat keinen Namen und liegt nicht im Raum der Erkenntnis. Weder ist es, noch ist es nicht. So ist es weder Licht noch Dunkelheit. Geschweige das Spektrum, was sich dazwischen eröffnet. Ruft dich DAS, was das Selbst ist, folge DEM, unbewegt, still-liebend ohne Wenn und Aber, in die Höhle des Herzens, dort sei, was du ohne Wenn und Aber bist.

Im Innersten des Herzens liegt dies Geheimnis offen dar. Der Friede, der IMMER ist, ist das organische Tor. Der Geschmack ist die Seligkeit, die keiner Seligkeit bedarf und so nichts anderes als Seligkeit ist. Dies zu wissen ist ein hohles Konzept, Dies zu SEIN geht über alles hinaus.

Lasse es

Das, was nicht zu verstehen und doch offensichtlich ist, IST Das Eine Selbst.

Lasse Verstehen, Bewusstheit, Werden und Suchen von „etwas" hinter dir.
SEI was-du-bist, ganz einfach so – denn in Allem bist du, was du bist, davon lasse dich erfasst sein.

Im Vergänglichen findet sich das Unvergängliche, in der Erscheinung die Verwirklichung der Wirklichkeit. Schaue es dir an, schaue einfach und lasse es.

In Bester Gesellschaft

In bester Gesellschaft da zu sein, wo nur Selbst-SEIN IST, welches sich nicht objektiviert und auch nicht als Subjekt übrig bleibt.

In der ungeteilten Energetik-von-Leben erwächst transzendente Einsicht, die augenblickliches Verständnis ist.

Es ist die Gewissheit zu Sein-was-du-bist, was aus der Kontinuität und Frische der direkten Einsicht erwächst und genau dort immer tiefer wurzeln und erblühen kann.

Absolute Wirklichkeit eröffnet sich im Erscheinen JETZT HIER, es ist deine Natur und trägt keinen Namen.

Du musst nichts machen, um es zu sein. Es ist eher umgekehrt, greife nichts auf, sei identisch mit dem, was IST.

Alles, was erscheint, sind die Glieder des Absoluten, du selbst, in deinem Erscheinen...

Alles, was dem scheinbar entgegensteht, kann der absoluten Wirklichkeit JETZT HIER nichts anhaben und muss, in der Zweifels-Freiheit des unmittelbaren Seins, augenblicklich fallen...

Im SEIN ohne-Zweitem liegt die Möglichkeit der direkten Einsicht, dir der eigene Beweis zu sein, dass Du Bist, was-du-bist...

Wortloses Verstehen geschieht, einfach im Sehen, dass das Sein ununterbrochen IST. Dort ohne Konzepte zu beherbergen zu verweilen, da ist die Identität mit DEM Wirklichen gegeben. Identisch Sein mit DEM Wirklichen lässt keinen Raum für ein „ich". Es ist dieses ICH-SEIN, welches mit sich spricht und alles in Stille umarmt, da alles in IHM ist. Dies, was IST, ist Dreh- und Angelpunkt der ganzen Existenz, Tor zwischen dem Phänomenalen und dem Noumenalen, da bleibe und atme die Stille, die Freiheit des Seins.

Wenn du gesehen hast, dass alles, was du Sehen kannst, nicht das Sein kann, was du bist, dann bleibe in diesem direkten Erleben HIER und lasse alles ins Vergessen fallen, dass alle Erscheinungen zurückfallen können und sich das EINE vollständig enthüllen und erfassen kann.

Sei einfach DAS, was du bist

Erfahrungen, Zustände verändern sich permanent in DEM, nichts, was darin je verloren ist oder auch gefunden werden könnte. Der Wert von DEM, was-du-bist wird offensichtlich, wenn gesehen wird, dass du ohne Wenn und Aber anwesend bist und Anwesenheit selbst unverändert ist.

An diesem Punkt ein scheinbarer Widerspruch: Die Wurzel der Illusion, das Erleben, dass du anwesend bist – also wer nimmt bereits die Anwesenheit wahr? Wer bin ich?

Wenn auf die Frage „Wer bin ich?" keine objektbezogene Antwort gesucht oder es als Vorwand für die Suche von Zuständen benutzt wird, ist da dies ungeteilte Erleben von SEIN – ICH BIN, doch wer sieht das SEIN? Wer sieht das ICH BIN?

Es gibt keine Antwort darauf. Dies ehrlich und vorbehaltlos zu sehen, darin liegt die Möglichkeit, dass ALLES wegfallen kann – in der absoluten Abwesenheit von allem kann die absolute Anwesenheit von dir erfasst werden.

Alle Ideen werden hier zertrümmert, so fällt auch die Idee weg, dass irgendetwas anders sein könnte, so darf alles sein, wie es ist, weil es das Sich-Eröffnen-Des-EINEN ist.

Ungebunden im SEIN zu verweilen ist sich selbsterfüllendes ER-Leben. ES erlebt. Nicht du oder ich. ES ist das Erlebende und ES ist das, was alles lebt.

Hier geschieht einfach ein Verweilen in DEM, was keine Bestätigung braucht und wortlos ist, darin können die Dinge kommen und gehen, du ruhst dich einfach aus und die Konzepte und Vorstellungen verlieren an Kraft – die süße Schönheit der Lebendigkeit des SEINS erfüllt den Raum des Erlebens – einfach so.

Ok, es gibt nur Bewusstsein – so ist es. Doch, wenn es nur Bewusstsein gibt, wer bist dann du?

Klar, dass es keine Antwort darauf geben kann, weil nichts Zweites da ist, das etwas Erstes definieren könnte. Und jede Definition ist begrenzende Objektivierung, von was auch immer.

Also kannst du jede Antwort, die darauf erscheint, gleich lassen und auch jedes damit Umgehen. Sei einfach, DAS was-du-bist, so wie du bist.

Und dies Lassen und Nichtergreifen öffnet die Offensichtlichkeit im Unmittelbaren, dass du bist, was du bist. Dies Sehen und Erleben ist Freude, Stille, Frieden ungeteilte Liebe – Dies zu SEIN ist endlose Verwirklichung.

Satsang mit Ronny

Satsang-Talks und Sitzen in Stille finden regelmässig statt.

Bei Interesse an Begegnung, Termine und Kontakt unter: www.ronnyhiess.de